ISBN 978-89-93512-35-9

# 인력 수중익 쌍동선
# Human Powered Vessel

민계식 강선형 이강복

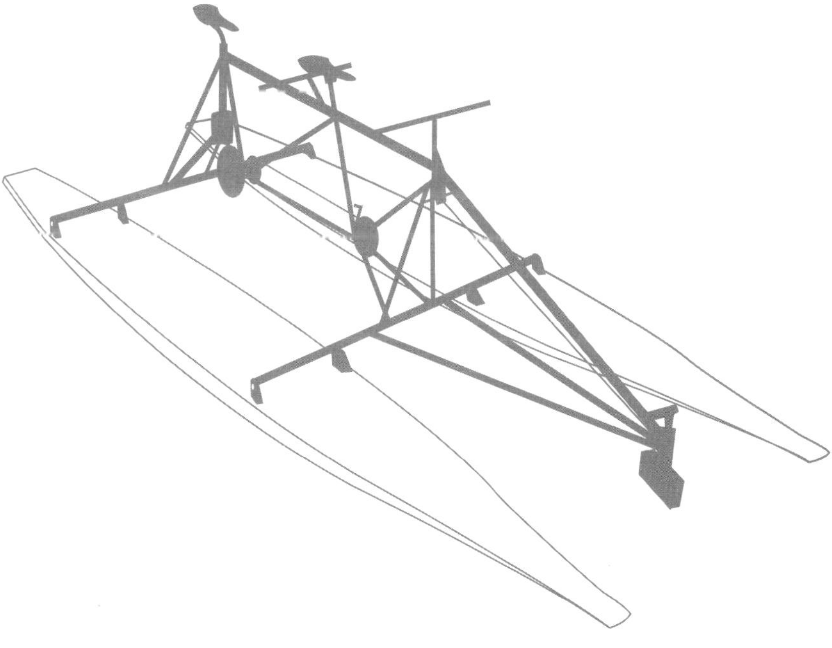

한림원 출판사

## Contents

Contents

P·A·R·T

# 1 개발 배경(Prologue)

미국, 일본, 유럽 등 소위 선진국에서는 벌써 오래전부터 인력선을 상용화 하여 보급함으로써 남녀노소 모두가 즐길 수 있는 새로운 대중 수상 레저 및 스포츠로 발전시키고 있다. 레저용 인력선은 탑승자들이 특별한 훈련이나 기술을 갖지 않아도 쉽게 조종을 하면서 즐길 수 있는 유형이 주를 이루고 있으며 때로는 속도감을 즐길 수도 있다.

한편으로는 전문적인 경주용 선형으로 경마나 경정처럼 상업적인 인력선 경주대회를 운영하고 있다. 이와 같이 인력선이 보급되게 된 배경에는 1988년 미국 듀퐁(DuPont)사에서 5년 내에, 즉 1992년 말까지 20노트(knot)를 넘는 인력선이나 그 시점까지 제일 빠른 인력선에 상금 2만 5천 달러를 시상한다는 'DuPont Watercraft Speed Prize' 행사 발표가 있었기 때문이며 그 기간에 새로운 형태의 인력선이 집중적으로 개발되고 보급되었다. 이의 영향으로 일본에서도 유사한 시합이 시작되었으며 이미 1990년대 초부터 일본의 인력보트회 주관으로 '꿈의 배' 콘테스트 전국대회를 통해 전문적인 인력선 개발과 경주 대회가 상업적으로 개최되어 오고 있다.

대한조선학회에서는 1999년부터 국제 인력선 축제를 개최하여 오고 있으며 오늘날에는 인력선 뿐만 아니라 태양광 추진선 및 복합 추진선까지 확대하고 있다. 특히 2000년 및 2001년도에는 대전 과학축제(Science Festival)와 연계하여 10개 팀이 참여하였으며, 어린이를 위한 체험 행사 및 전시를 통하여 1,200여명의 어린이들에게 좋은 호응을 얻으면서, 조선 및 해양 공학 분야에 대한 홍보 및 관심을 고취시킬 수 있는 기회가 되었다.

국제 인력선 축제를 개최하는 목적은

- 조선기술의 대중화 및 홍보
- 국내 조선공학 전공 학생들의 창의력 및 선박 설계기술 함양
- 국내 조선관련 종사자(교육계, 산업계, 인증계 등)들의 선의의 경쟁을 통한 친목

에 있다고 생각한다.

초기에는 일본의 전문적인 인력선 기관을 초청하여 시범경기를 하였다. 현대중공업에서는 초기부터 시범경기 참가초청을 받아왔으나 이러한 행사가 주로 대학생들을 대상으로 하는 행사이므로 행사 경비 중 일부를 지원해 주고 실제 행사에는 참여할 계획이 없었다. 그러나 인터넷 등을 통해 살펴 본 미국, 일본 등에서의 인력선들이 항상 국내의 어떠한 인력선 보다도 월등히 우수한 성능을 발휘하므로 많은 사람들이 우리나라가 선박건조량은 세계 제일이라고 하지만 설계기술 수준은 아직 일본에 뒤처지는 것으로 치부하게 되었다. 조선 전문가들도 이것이 당연한 것으로 생각하고 있었으니 일반 국민들이야 말할 것이 없었다.

참고로 2001년도 인력선 축제에 참가한 국내팀 중 가장 빠른 인력선은 울산대학교의 MUNSU 2001호로서 최고 속도 약 6놋트를 기록한 반면 일본의 인력선은 이보다 2배 이상의 속도를 과시한 바 있다.

은근히 자존심도 상하고 한편 오랜 역사를 갖고 있는 일본의 전문 경주용 인력선과 견주어 보고 싶은 생각도 들어서 현대중공업 선박해양 연구소에서는 2002년 처음으로 국제 인력선 축제 시범경기에 참가하기로 하였다. 그리고 어떤 선형으로 참가할 것인가에 대하여 여러 가지 대상 선형에 대한 정밀 검토를 거친 후 "수중익 쌍동선형"으로 결정하였다. 수중익 쌍동선형으로 결정한 이유는 다음 장에서 설명하려고 한다.

인력 수중익 쌍동선을 설계 제작하기 위해서는 선형 설계기술, 수중익 설계기술, 추진기 설계기술, 선체경량화 기술 등 조선공학의 첨단기술이 활용되어야 한다. 걱정이 앞섰다. 우선 사람의 힘으로 수중익만 물속에 잠기고 선체 전체를 부앙할 수 있을까? 그리고 역사를 자랑하는 일본의 전문 경주용 인력선의 성능에 얼마나 따라갈 수 있을까?

조선공학에서는 선박의 속도에 대한 척도로 실제 선박의 속도가 아니라 프르드 수(Froude number)란 전문 용어를 쓴다. 프르드 수는 아래 식에서 알 수 있는 바와 같이 선속을 길이와 중력 가속도의 곱의 제곱근으로 나눈 무차원 수를 말한다.

$$F_N = V / \sqrt{gL} \qquad (1)$$

위의 식에서,

$F_N$ : 프르드 수(무차원)
V : 선박의 속도(m/sec)
g : 중력 가속도(m/sec$^2$)
L : 선박의 길이(m)

이다.

조선공학에서는 선박의 속도영역을 프르드 수의 크기에 따라 저속, 중속, 고속, 초고속으로 분류한다. 왜냐하면 수상선의 저항 특성은 프르드 수에 크게 영향을 받기 때문이다. 따라서 선박의 길이가 작으면 실제 선속은 느려도 조선공학적으로는 초고속으로 분류되기도 한다. 지난 인력선 축제에 초청된 일본 경주용 인력선의 속도 영역은 조선 공학적으로 보아 초고속선 영역에 있었다.

다행히 저자는 현대중공업 선박해양연구소에서 1990년대에 초고속 수중익 쌍동선 설계에 필요한 핵심기술에 대한 심도깊은 이론적, 시험적 연구를 수행한 바 있고 실제로 여러 척의 초고속선을 설계·건조한 경험이 있다. 실 예를 들자면 1993년 300인승 35놋트급 장거리 고속 수중익 쌍동 여객선("한마음 1호")을 설계·건조한 경험이 있고 1995년 300인승 55놋트급 초고속 수중익 쌍동 여객선("한마음 2호")을 설계·건조하여 국내 노선에 취항시킨 바 있으며 그 후에도 승객 1,000명과 승용차 100대를 적재하고 선속 60놋트로 운항할 수 있는 초고속 수중익 쌍동훼리 등

대형 초고속선의 설계를 완료한 바 있다. "한마음 2호"는 고속 및 초고속선에 대하여 세계적으로 가장 권위있는 정기 간행물인 "Jane's Fast Ship" 紙로부터 세계에서 가장 우수한 초고속선이라는 평을 받은 바 있다.

저자가 개발한 초고속선에 대한 개념 및 설계기술은 초고속 속도영역에서 운항하는 모든 선박에 적용할 수 있을 것으로 판단되었으며 이에 따라 현대중공업 선박해양 연구소에서는 그동안 축적한 기술을 활용하여 2인승 인력 수중익 쌍동선을 설계·제작하고 2002년과 2003년 시범 경기에 참가하여 일본에서 초청한 인력선과 시범 경주를 하였다. 그리고 2004년에는 세계 최초로 4人승 인력 수중익 쌍동선을 준비하여 시범 경기에 참가하였다.

2004년 4인승 인력 수중익 쌍동선을 가지고 축제현장에 갔을 때 대부분의 사람들이 뜨지 않을 것이라는 비관적인 통념을 가지고 있었다. 그러나 뒤에 사진에서 볼 수 있는 바와 같이 8 놋트 부터 서서히 부양하기 시작하여 완전히 부양 되었을 때는 16놋트 이상의 경이적인 속도를 내었다.

아쉬운 점도 있었다. 설계와 제작을 끝낸 후 시험운항을 하면서 성능 향상이 이루어지도록 수정하는 과정을 몇 번 거쳐야 하는데 그럴만한 시간이 없었고 또한 국내에서는 적합한 재질을 구하기가 어려워 중량 경감이 충분히 이루어지지 않았다는 점이다.

세 번의 시범 경기에 참가하여 대 성공을 거둔 뒤 벌써 10년 가까운 세월이 흘렀다. 저자는 이러한 축제조차도 잊어버리고 일에 열중하며 지내왔다. 그런데 많은 사람들로부터 이 기념비적인 행사와 인력선에 대한 책을 쓰라는 권유를 받아왔다. 그래도 저자는 바쁜 업무로 인하여 책을 쓸 생각이 없었다.

최근 들어 국내 학자들은 물론 외국의 저명한 조선 공학자들로부터 수차 권유를 받고는 생각이 바뀌었다. 그러나 대부분의 자료가 잘 보관되어 있지 않고 유실된 상황이라 망설여지기도 하였으나 남아있는 자료와 그때의 기억을 되살려 정리하기 시작하였다. 이 책은 이렇게 하여 준비되었다.

이 책의 주 목적은 대한조선학회 주관으로 개최되는 국제 인력선 축제와 그 축제에 초청을 받아 시범경기에 참가한 인력 수중익 쌍동선 개발에 대한 뒷이야기를 정리하자는 것이고, 기술적 사항을 논의하기 위함이 아니지만 책의 성격상 자연히 선형 설계, 수중익 설계, 프로펠러 설계 등을 소개하는 곳에서는 조선해양공학의 최첨단 기술에 대하여 맛보기 소개를 하지 않을 수 없었다.

관심 있는 독자들은 흥미로, 또는 참고로 이 책을 읽어 주시기 바란다.

2012년 봄

**민 계 식**

P·A·R·T

# 2 왜 수중익 쌍동선인가?

선박의 추진력이 일정할 때 선속을 증가시키기 위해서는 우선 선박의 저항을 감소시키는 것이 가장 중요하고 그 다음으로 추진 효율을 향상시키는 것이다.

오늘날 선박의 저항을 마찰저항(frictional resistance), 형상저항(form resistance), 조파저항(wave resistance)으로 분류하는데 전통적으로는 마찰저항과 잉여저항(residual resistance)으로 분류하기도 한다. 여기서 잉여저항이란 형상저항과 조파저항의 합이다.

선박의 저항을 감소시키기 위해서는 저항특성을 잘 이해해야 한다. 선체의 총 저항에 있어서 가장 큰 부분을 차지하는 것은 마찰저항이다. 마찰저항은 식 (2)에서 볼 수 있는 바와 같이 선속이 일정할 때 선체의 접수표면적(wetted-surface area)과 마찰저항계수(frictional resistance coefficient)에 비례한다.

$$R_F = \frac{1}{2}\rho C_F S V^2 \tag{2}$$

식 (2)에서,

$R_F$ : 마찰저항(Newton)

$\rho$ : 유체밀도(kg/m$^3$)
$C_F$ : 마찰저항계수
S : 선체의 접수표면적(m$^2$)
V : 선속(m/sec)

을 나타낸다.

마찰저항 식 (2)에서 마찰저항계수, $C_F$는 다음 식에 의하여 계산된다.

$$C_F = \frac{0.075}{(\mathrm{Log}_{10} R_N - 2)^2} \tag{3}$$

식 (3)에서 $R_N$은 유체 속 물체에 작용하는 관성력과 점성력의 비를 나타내는 무차원수, 즉 레이놀스 수(Reynolds number)로서 다음과 같이 정의된다.

$$R_N = \frac{\rho v L}{\mu} \tag{4}$$

식 (4)에서 μ는 유체의 동역학적 점성(dynamic viscosity)을 나타낸다.

식 (3)은 "국제 예인수조협의회(ITTC)*"에서 유체와 선체간의

* International Towing Tank Conference(ITTC) : 선박유체관련 모형시험과 연구를 수행하는 전세계 연구기관들의 정기적인 회의체

마찰저항계수를 계산하기 위하여 1957년 공식적으로 채택한 식이다. 식 (3)은 표면이 매끄러운 평판(smooth flat plate)에 대한 많은 마찰저항시험으로부터 도출된 식이지만 레이놀스 수가 $10^6$ 이상이 되면 선체와 같은 곡면에도 잘 맞는다는 것이 저자의 경험이며 실제 선박의 경우 레이놀스 수는 대부분 $10^9$ 이상이 된다.

식 (3)으로 표현되는 마찰저항계수는 그림 1에서 볼 수 있는 바와 같이 선속에 따라 조금씩 감소하기는 하지만 감소율이 아주 적고 특히 고속으로 갈수록 감소율이 감소한다.

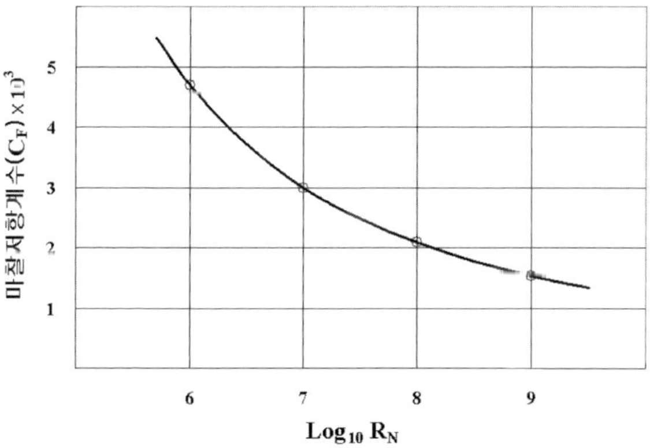


【그림 1】 마찰저항계수

마찰저항을 감소시키기 위하여 전 세계적으로 오랜 세월에 걸쳐 온갖 방법을 시도하여 보았지만 거의 영향이 없거나 아니면 비현실적인 경우가 대부분이었다. 대부분이라기보다는 모든 경우라고 해도 과언이 아니다. 실질적으로 마찰저항은 선속이 일정할 때 선체의 접수표면적에만 비례하며 통제(control)하는 방법이 없는 타고난 특성의 자연현상(intrinsic natural phenomenon)이라고 해도 과언이 아니다.

잉여저항이 총 저항에서 차지하는 비율은 마찰저항의 비율보다 훨씬 적을 뿐만 아니라 적절한 방법에 의하여 상당부분 조절할 수가 있다. 일반적으로 총 저항에 대한 잉여저항의 비율이 어느 일정수준 이상이 된다면 그것은 잘못 설계된 것임에 틀림없다.

따라서 선박의 저항을 감소시키기 위한 최선의 방법은 저항의 대부분을 차지하는 마찰저항을 감소시키는 것이고 마찰저항을 감소시키기 위한 실질적인 방법으로는 선체의 접수표면적을 감소시키는 방법 밖에 없다고 할 수 있다. 조선공학자라면 이러한 사실을 잘 알고 있을 것이다.

그러나 배수량형 선박, 즉 선박의 모든 중량이 부력에 의하여 지지되는 형태의 선박에 있어서는 불가능한 일이다. 특단의 조치를 취하여야 한다. 구체적으로 말해서 다른 방법에 의하여 선박의 중량을 지지해야 한다. 부력 이외에 선박의 중량을 지지하는 방법으로는 크게 보아 정적방법과 동적방법이 있으며 각각의 구분에 따라 여러 가지 구체적인 방안을 들 수 있겠으나 여기서는 논하지 않으려 한다. 다만 가장 간단하고 확실한 동적방법 중의 하나로 수중익에 의하여 양력을 발생하여 선체를 부양함으로써 선체의 접수표면적을 감소시키고 따라서 마찰저항을 감소시키는 방법이 있다는 것을 언급하고자 한다.

수중익에 의한 선체 부양에는 크게 두 가지 방식이 있다. 첫 번째는 선체의 총 중량을 부력과 양력으로 분담하여 복합지지를 함으로써 선체의 일정 부분을 자유표면(수면) 위로 부양시키는 방법이다. 두 번째로는 선체의 총 중량을 수중익의 양력만으로 지지하여 선체는 완전히 수면 위로 떠오르고 수중익 시스템만 물속에 잠기는 방법이다.

따라서 설계 초기에 일차적인 최적 선형을 설계한 후 표 1에 예를 든 바와 같이 여러 가지 비율의 부력과 양력의 복합지지를 설정하고 총 저항에 대한 이론적 분석을 수행하였다.

**표 1 복합지지 비율 예**

| 부력(%) | 양력(%) | 비고 |
|---|---|---|
| 60 | 40 | |
| 40 | 60 | |
| 20 | 80 | |
| 10 | 90 | |
| 0 | 100 | 선체 완전 부양 |

총 저항은 선체의 저항과 수중익 시스템의 저항 및 선체와 수중익 시스템의 간섭현상(interference phenomenon)을 각각 추정한 후 합계를 냄으로써 구하였다.

일반적으로 수중익선의 선체 저항과 수중익 시스템의 저항은 그림 2에 보이는 바와 같은 특성을 가지고 있으며 선박의 크기와 속도에 따라 이 두 저항성분의 합인 총 지항이 최소가 되는 부력 대 양력의 비율이 존재하기도 한다.

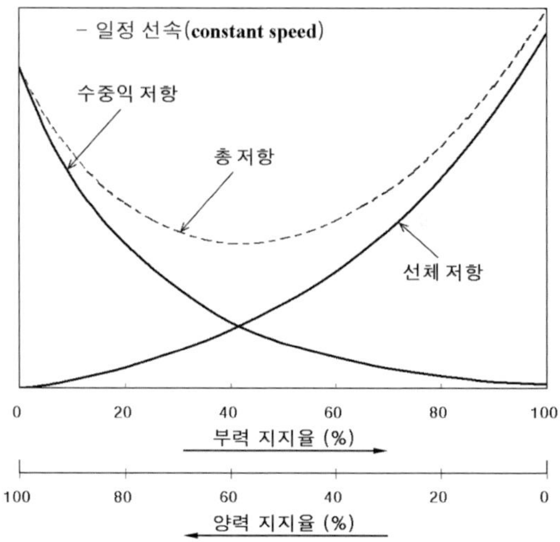


**【그림 2】** 수중익선의 저항성분 특성

그러나 여기서 논의하는 인력 수중익 쌍동선의 경우에는 여러 가지 복합지지 비율에 대한 총 저항 분석결과 완전 부양이 저항 감소에 가장 효과가 크다는, 즉 선박의 총 저항이 가장 적게 된다는 결론을 얻었다. 따라서 저항감소 방법으로 완전 부양 수중익선 형태를 선정하였다.

그 다음은 선박의 안정성(stability)이다. 인력 수중익선은 사람이 승선하여 추진력을 발생하여야 하므로 무게 중심이 상당히 위로 올라가게 된다. 또한 초고속 선형은 선박의 길이에 비하여 선폭이 아주 좁게 된다. 당연히 배의 안정성을 유지할 수 없고 사람이 승선하면 선박은 전복하게 된다.

일반적으로 선박의 초기 안정성은 선체의 흘수 길이에 비례하고 선체 폭의 세제곱에 비례한다. 즉 선박의 안정성은 선박의 폭이 주도적인 역할을 하는 셈이다. 따라서 승선시 선체저항을 감소시키면서도 선박의 전복을 방지하고 어떠한 경우에도 안정성을 확보하기 위해서는 전체 선폭이 넓은 쌍동선을 채택하는 수밖에 없었다. 또한 뒤에 소개하겠지만 쌍동선은 수중익을 효과적으로 설치하기에도 아주 편리하다.

따라서 지금까지 논의한 두 가지 가장 중요한 특성, 즉 속도 성능과 안정성능을 고려하여 시범 경기에 참가할 선박 형태를 수중익 쌍동선으로 결정하였다.

P·A·R·T

# 3 설계 방법

## 3.1 개 요

상선 설계에 있어서는 선박이 크건 작건 간에 거쳐야 하는 거의 동일한 설계과정(design cycle)이 있다. 이러한 선박설계 경험에 따라 인력 수중익 쌍동선에 적합한 설계 과정을 정리하였으며 그림 3은 정리된 설계 과정, 즉 설계흐름도(design flow diagram)를 보여주고 있다. 물론 세부과정에 있어서 순서가 바뀔 수도 있다.

그림 3에서 볼 수 있는 바와 같이 설계를 위한 최초의 작업은 선체 중량을 추정하는 것이다. 추정된 중량에 대하여 설계과정을 거친 후 설계결과에 의한 중량을 계산하고 초기에 추정한 중량과 비교한다. 비교결과 중량의 차이가 허용범위보다 크게 되면 새로운 중량에 대해서 설계를 다시하고 새로운 설계결과에 대한 중량을 계산하여 앞의 중량과 비교한다.

일반적으로 이러한 과정을 몇 번 반복해야 정확한 전체중량이 결정되고 모든 설계조건을 만족하는 최종 설계결과가 도출된다. 경우에 따라서는 부분적인 최적화 분석을 몇 번씩 수행해야 할 경우도 있다.

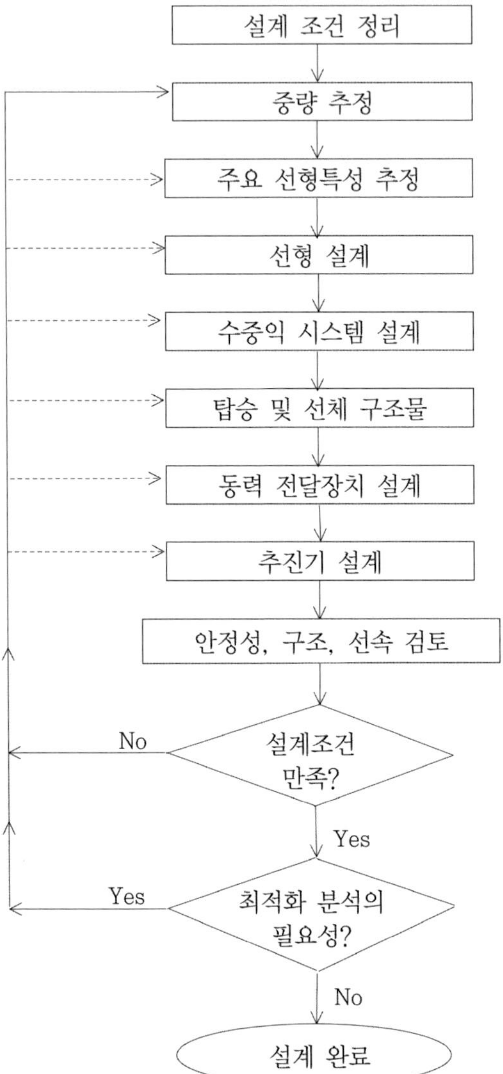
설계 조건 정리
중량 추정
주요 선형특성 추정
선형 설계
수중익 시스템 설계
탑승 및 선체 구조물
동력 전달장치 설계
추진기 설계
안정성, 구조, 선속 검토
No
설계조건 만족?
Yes
Yes
최적화 분석의 필요성?
No
설계 완료

【그림 3】 설계흐름도

## 3.2 중량 추정

본 인력선 개발에 있어서는 설계 최초의 과정인 전체 중량을 추정하기 위하여 중량 구성요소의 목록을 정하고 구성 요소별로 중량을 추정한 후 요소별 중량의 합을 구하여 전체 중량을 추정하기로 하였다. 중량 구성요소는 다음과 같다.

- 선체
- 수중익 시스템
- 탑승 및 선체 고정 구조물
- 동력 전달장치
- 선회 장치와 프로펠러
- 선수
- 기타(도장 중량 등)

위의 중량 구성요소 각각에 대하여 저자의 상상력과 경험을 배경으로 중량을 추정한 후 합을 구하여 전체 중량을 구하였다. 그리고 앞서 소개한 대로 설계과정을 반복하면서 최종 결과를 도출하였다.

## 3.3 주요 선형 특성

앞서 언급한 바와 같이 저자는 초고속 수중익 쌍동선 설계를 위한 연구를 통하여 선속, 즉 프르드 수가 정해졌을 때 저항상으로나 전체 중량면에서 최적인 선형 특성을 추정하는 방법을 개발하여 놓은 바 있다[1]*.

선형 설계를 위한 주요 특성은 대략 다음과 같다 :

- 프르드 수
- 길이 - 폭 비(L/B)
- 폭 - 수심 비(B/T)
- 최대 폭의 위치
- 방형계수(block coefficient, $C_B$)

이러한 주요 특성이 결정되면 이들의 값과 전체 중량을 연계하여 실제 선체의 주요 치수와 다른 주요 특성을 결정할 수 있다.

## 3.4 선 형

선형은 조선공학의 기반이라고 할 수 있으며 선박 운영상 가장 중요한 연료 경제성에 결정적 영향을 미친다. 저자는 저자의 전공상 오래 전부터 연료 경제선형 설계의 중요성을 인지하고 이에 대한 연구를 계속하여 왔으며 여러가지 서로 다른 논리에 의한 경제선형 설계방법을 개발하여 왔다. 그리고 이러한 연구 결과를 국내외 학술지에 여러 번 발표한 바 있다[2, 3].

또한 1990년대 초에 초고속선에 대한 연구를 수행하면서 "최소저항이론"과 "단면변화 선형식"을 사용하여 저항특성이 우수한 초고속선의 선형을 극히 짧은 시간 내에 설계할 수 있는 이론적

* [ ] 안의 숫자는 참고서적의 번호를 나타냄.

방법을 개발하였다. 본 방법은 원래 콘테이너 운반선(container carrier)이나 자동차 운반선(ro-ro ship, 또는 car carrier)등과 같은 고속 세장선(fine higher-speed ship)의 선수 선형설계를 위하여 개발된 것이지만 선체의 길이-폭 비(length-beam ratio)가 10 이상 되는 초고속선, 또는 초고속 쌍동선형 설계 시 더욱 유용하다는 것을 알게 되었다.

선형설계에 대한 기본 개념과 절차를 요약하면 대략 다음과 같다 :

- 총 저항을 이루는 저항성분, 즉 마찰저항과 잉여저항에 대한 유체역학적 저항식을 도입한다.
- 미지계수를 포함한 선형식에 의하여 선체의 형상을 표현한다.
- 주어진 설계속도에 대하여 총 저항이 최소가 되도록 선형의 미지계수를 구한다. 이때의 선형은 최대 폭을 대칭축으로 한 전후 대칭선이 된다.
- 초고속선에 적합하도록 대칭 선형의 적절한 부분을 취하여 최종 선형을 준비한다.

여기서는 선형설계 방법에 대해서 저항식, 선형식, 최적화 방법으로 나누어서 가볍게 논의하고자 한다.

### 3.4.1 저항식

우선 선형 및 선체 주위의 유동특성을 나타내기 위하여 그림 4에 보이는 바와 같은 기본 좌표계를 도입하였다.

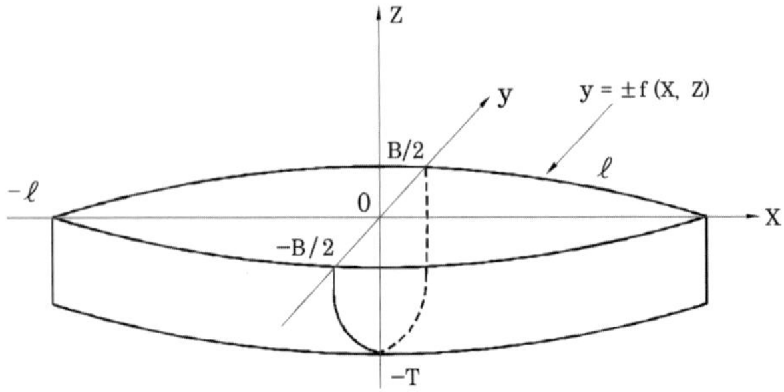


【그림 4】 선형 및 선체 주위의 유체유동을 나타내기 위한 기본 좌표계

그림 4 에서,

$$y = \pm\ f(x, z) \tag{5}$$

는 선형을 나타내는 식, 즉 선형식을 의미하며 $\ell$은 선수부의 길이(entrance length)를 나타낸다.

조선학의 전통적인 저항이론에 의하면 선박의 총 저항은 다음과 같이 마찰저항과 잉여저항의 합으로 표시된다 :

$$R_T = R_F + R_R \tag{6}$$

여기서 $R_T$는 총 저항이고 $R_F$와 $R_R$은 각각 마찰저항과 잉여저항을 나타낸다. 마찰저항 $R_F$는 제 2장에서 논의한 바와 같이 다음과 같이 표시된다 :

$$R_F = \frac{1}{2}\rho C_F S V^2 \tag{2}$$

접수표면적의 정확한 표현은 다음과 같다 :

$$S= 2\int_{-\ell}^{\ell}\int_{-T}^{0}\sqrt{1+(f_x)^2+(f_z)^2}\ dxdz \tag{7}$$

그러나 편의를 위하여 접수표면적에 대한 근사식을 도입하면 마찰저항식은 다음과 같이 된다.

$$R_F = \rho C_F V^2\int_{-\ell}^{\ell}\int_{-T}^{0}\left[1+\frac{1}{2}(f_x)^2+\frac{1}{2}(f_z)^2\right] dxdz \tag{8}$$

또한 선형 세장선이론(Linearized thin ship theory)에 의한 쌍동선의 잉여저항식은 다음과 같이 표시된다.

$$R_R = \frac{4\rho g^2}{\pi V^2}\int_{-\ell}^{\ell}\int_{-T}^{0} f_x(x,z)\ dxdz\int_{-\ell}^{\ell}\int_{-T}^{0} f_\zeta(\xi,\zeta)\ d\xi d\zeta$$

$$\times\int_{0}^{\frac{\pi}{2}} d\theta\ \sec^3\theta\cdot e^{\frac{g}{V^2}(z+\zeta)\sec^2\theta}\cdot\cos\left[\frac{g}{V^2}(x-\xi)\sec\theta\right]$$

$$\times\left[1+\cos\left(\frac{g}{V^2}\ d\cdot\sin\theta\cdot\sec^2\theta\right)\right] \tag{9}$$

위의 식에서 d는 쌍동선 선체간의 거리를 나타낸다. 수치해석의 편의를 위하여 $\sec\theta$를 cosh $u$로 치환하고 다음의 부호들을

사용하면 개개의 단동선에 대한 잉여저항식은 각각 다음과 같이 된다 :

$$R_R = A\int_0^{\infty} du \cosh^2 u \,[P^2(\cosh u) + Q^2(\cosh u)] \times \left[1 + \cos\left(\frac{g}{V^2} d \cdot \sinh u \cdot \cosh u\right)\right] \quad (10)$$

$$\left.\begin{matrix} P(\cosh u) \\ Q(\cosh u) \end{matrix}\right\} = \int_{-\ell}^{\ell}\int_{-T}^{0} dxdz \; f_x(x, z)\cdot e^{\beta z}\cdot\left\{\begin{matrix}\cos \\ \sin\end{matrix}\right\}(\alpha x)$$

$$A = \frac{4\rho g^2}{\pi V^2}$$

$$\alpha = \frac{g}{V^2}\cosh u$$

$$\beta = \frac{g}{V^2}\cosh^2 u$$

총 저항은 마찰저항과 잉여저항의 합으로 이루어지므로 쌍동선에 대한 총 저항식은 다음과 같이 된다 :

$$R_T = 2\rho C_F V^2 \int_{-\ell}^{\ell}\int_{-T}^{0} [1 + \frac{1}{2}(f_x)^2 + \frac{1}{2}(f_z)^2]\, dxdz$$

$$+\ 2A\int_0^{\infty} du \cosh^2 u \left[ P^2(\cosh u) + Q^2(\cosh u) \right]$$

$$\times \left[ 1 + \cos\left( \frac{g}{V^2} d \cdot \sinh u \cdot \cosh u \right) \right] \qquad (11)$$

$$\left.\begin{matrix} P(\cosh u) \\ Q(\cosh u) \end{matrix}\right\} = \int_{-\ell}^{\ell}\int_{-T}^{0} dxdz\ f_x(x,z) \cdot e^{\beta z} \cdot \left\{\begin{matrix} \cos \\ \sin \end{matrix}\right\} (\alpha x)$$

### 3.4.2 선형식

방정식 (11)로 표현되는 총저항식을 활용하여 저항이 최소가 되는 선형을 구하기 위한 다음 단계로서 선형을 수학적으로 나타내기 위한 적절한 수식을 고안하여야 한다. 이러한 선형식은 복잡한 실제 선형을 잘 표현할 수 있어야 할 뿐만 아니라 저항식에 대입하였을 때 수학적 취급이 가능하도록, 될수록 간단하여야 한다. 그러나 취급 가능한 간단한 식으로 복잡한 선형을 잘 표현하기란 결코 쉬운 일이 아니다.

이러한 목적을 위하여 오래 전부터 조선공학자들 간에 다음과 같은 변수분리형 선형식이 사용되어 오고 있다.

$$y = \pm f(x, z) = \pm X(x) \cdot Z(z) \qquad (12)$$

여기서 X(x)와 Z(z)는 각각 수선면(waterline plan)과 횡단면(body plan)을 나타낸다.

그러나 식 (12)로 표현되는 선형식에는 두 가지 심각한 문제점이 있다 :

- 첫째, 실제 선형은 종방향의 위치, 즉 그림 4에서 x-방향의 위치에 따라 횡단면의 형상이 변하는 것이 통례로 되어 있으나 식 (12)로 표현되는 선형은 수선면과 횡단면의 형상이 서로 아무런 관련이 없고 완전히 독립된 형상이 된다.

- 둘째, 총체적으로 최적화된 선형을 구하기 위해서는 수선면과 횡단면 모두를 미지계수들이 포함된 적절한 수식으로 나타내고 3차원 최적화 기법에 의하여 저항식을 풀어서 미지계수들을 구하여야 하는데 그러한 작업을 하기가 대단히 복잡하고 많은 시간이 요구될 뿐만 아니라 무엇보다도 심각한 문제는 결과에 일관성이 결여되어 있다는 것이다.

이러한 문제점들을 제거하기 위하여 저자는 선형개발에 대한 오랜 경험으로부터 극히 간단한 선형식이면서도 실제선형을 잘 표현할 뿐만 아니라 횡단면의 형상이 종방향(x-방향)의 함수가 되어 종방향의 위치에 따라 임의로 변화될 수 있는 선형식을 고안하였다. 저자가 고안한 선형식을 개념적으로 표현하면 다음과 같다 :

$$y = \pm f(x, z) = \pm X(x) \cdot Z(x, z) \qquad (13)$$

식 (13)에서 볼 수 있는 바와 같이 횡단면은 연직방향(z-방향)과 종방향의 함수가 되므로 수선면의 형상과 횡단면의 형상이 서로 독립된 것이 아니고 횡단면의 형상이 종방향에 따라 변화하게 되며 이러한 변화를 설계자가 마음대로 조정할 수 있도록 하였다.

우선 초고속선의 수선면식, 즉 흘수형상에 대해서 많은 수식을 시험하여 본 결과 다음과 같은 4차 다항식으로부터 좋은 결과를 얻을 수 있다는 것을 인지하게 되었다.

$$X(x) = \frac{B}{2}[1 + a_2(x/\ell)^2 + a_3|x/\ell|^3 + a_4(x/\ell)^4] \qquad (14)$$

식 (14)에서 B는 선박의 최대 폭(beam)을 나타내고 $a_i(a_2, a_3, a_4)$는 총저항이 최소가 되는 선박의 형상을 설계하기 위하여 앞으로 구하여야 할 미지계수(unknown coefficient)이다.

횡단면식으로 다음과 같은 두 가지 수식을 채택하였다 :

- 제1형 : $Z(x, z) = [1 + (z/T)]^{n(x)}$, $-T \le z \le 0$ (15)

- 제2형 : $Z(x, z) = 1 - |z/T|^{n(x)}$, $-T \le z \le 0$ (16)

식 (15)와 (16)에서 지수 n을 체계적으로 변화시키면 그림 5에서 볼 수 있는 바와 같이 단면의 형상이 오목형상으로부터 볼록형상에 이르기까지 체계적으로 변화하게 되어 실제 선박의 횡단면 형상을 잘 표현할 수 있다.

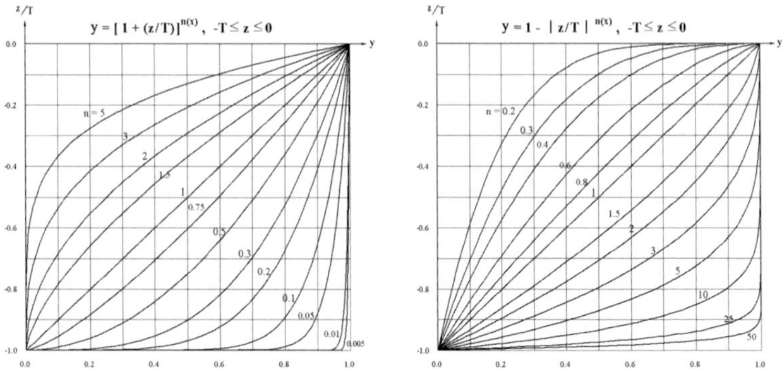


**【그림 5】** 지수 n의 변화에 따른 단면 형상의 변화

위의 횡단면식 (15)와 (16)에서 지수 n을

$$n(x) = b_1 + b_2 \ | \ x / \ell \ | \tag{17}$$

또는

$$n(x) \ = \ b_1 + b_2 \ | \ x / \ell \ | + b_3 \ ( x / \ell )^2 \tag{18}$$

와 같이 하면 종방향에 따라 횡단면의 형상이 변하게 된다. 따라서 선수에서 선미에 이르기까지 지수 n의 계수 $b_1$, $b_2$, $b_3$를 적절히 선정함으로써 횡단면의 형상을 선수에서부터 선미까지 종방향에 따라 설계자가 원하는 대로 연속적으로 변화하게 할 수 있다.

수선면식과 횡단면식을 종합한 전체적인 선형식은 다음과 같이 된다 :

$$y = \pm f(x, z)$$

$$= \pm \frac{B}{2}[1 + a_2(x/\ell)^2 + a_3|x/\ell|^3 + a_4(x/\ell)^4]$$

$$\times \begin{cases} [1 + (z/T)]^{n(x)} & (19) \\ [1 - |z/T|^{n(x)}] & (20) \end{cases}$$

$$0 \le x \le \ell, \quad -T \le z \le 0$$

### 3.4.3 최적화 방법

총 저항이 최소가 되는 선형을 구하는 나머지 절차는 선형식 (19), 또는 (20)을 총 저항식 (11)에 대입하고 적절한 최적화 방법에 의하여 총 저항이 최소가 되도록 선형식의 미지계수를 구하는 것이다. 선형식 (19)나 (20)을 총 저항식 (11)에 대입하고 일련의 계산을 수행하면 선형식의 미지계수로 이루어진 다음과 같은 형식의 총 저항을 얻게 된다.

$$R_T = R_{11} + R_{12}\cdot(a_2) + R_{13}\cdot(a_3) + R_{14}\cdot(a_4)$$

$$+ R_{22}\cdot(a_2^2) + R_{23}\cdot(a_2\cdot a_3) + R_{24}\cdot(a_2\cdot a_4) + R_{33}\cdot(a_3^2)$$

$$+ R_{34}\cdot(a_3\cdot a_4) + R_{44}\cdot(a_4^2) \quad (21)$$

총 저항식 (21)에서 $R_{ij}(R_{11}, R_{12}, \cdots, R_{44})$는 복잡하고 지루한 계산을 통하여 구해지는 계수들이며 일반적으로 해석적 적분이 불가능하고 수치적분을 하여야 한다.

식 (21)로 표현되는 총 저항을 최소화하는 계수 $a_i(a_2, a_3, a_4)$를 구하기 위하여 다음과 같은 구속조건과 함께 Lagrange 승수방법 (Lagrangian multiplier method)을 사용하였다.

$$f_1 = R_T \qquad : \text{총저항}$$

$$f_2 = f(\ell, 0) = 1 + a_2 + a_3 + a_4 = 0 \quad : \text{구속조건1(닫힘조건)}$$

$$f_3 = 2\int_{-\ell}^{\ell}\int_{-T}^{0} f(x, z)\,dxdz - \nabla = 0 : \text{구속조건2(일정체적)}$$

$$T(a_i, \lambda, \mu) = f_1 + \lambda f_2 + \mu f_3 \qquad : \text{Lagrange 함수}$$

$$\frac{\partial T}{\partial a_i} = 0, \quad \frac{\partial T}{\partial \lambda} = 0, \quad \frac{\partial T}{\partial \mu} = 0$$

구속조건 2에서 ▽는 선체 체적을 의미한다.

위에 설명한 바와 같이 Lagrange 함수를 미지계수 $a_i$와 Lagrange

승수 $\lambda$, $\mu$에 대하여 편미분함으로써 $a_i$, $\lambda$, $\mu$에 대한 선형 연립 방정식계를 얻게 되고 연립방정식의 해를 구함으로써 이론적으로 저항이 최소가 되는 선형식의 계수 $a_2$, $a_3$, $a_4$를 구하게 된다. 이렇게 하여 총 저항이 최소가 되고 전후대칭인 선형을 구한 후 적절한 부분을 취함으로써 최종 선형을 설계하게 된다. 그림 6은 이러한 설계개념을 보여주고 있다.

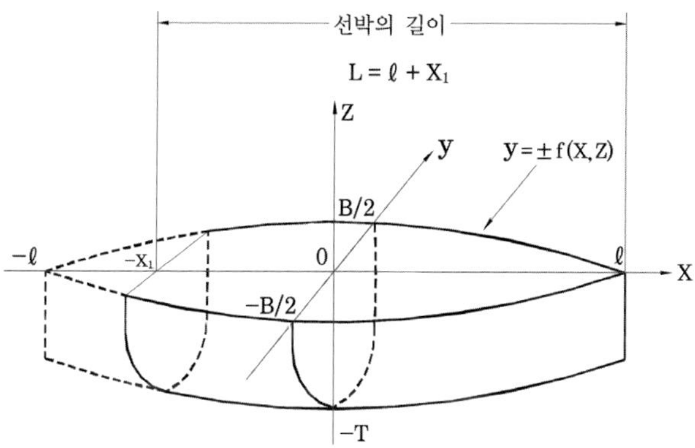


【그림 6】 선형설계 개념

## 3.5 수중익 시스템

자유표면 아래에서 작동하는 수중익 시스템이 일정 선속에서 원하는 높이만큼 선체를 부양한 후 원하는 위치, 즉 원하는 수심을 유지하면서 작동하도록 단 한번 만에 설계를 하는 기술은 전 세계에서 저자만이 보유하고 있을 것이다. 이러한 수중익 시스템 설계기술을 보유하게 된 것은 부력/양력 복합 지지 초고속선을 개발하여 오면서 오랜 기간에 걸친 이론적, 실험적 연구를 수행해 온 결과이다[4, 5, 6]. 이러한 초고속 수중익 쌍동선의 수중익 시스템 설계 경험을 인력선의 수중익 시스템 설계에도 활용하기로 하였다. 선체는 수중익이 발생하는 양력에 의하여 완전히 부양되도록 계획하였다.

조선공학자나 항공역학 전문가들은 잘 아는 사실이지만 수중익(hydrofoil) 이나 항공기의 날개(air foil, 또는 wing)는 3차원 보다는 2차원에 가까울수록 효율이 향상된다. 즉 수중익의 최대효율은 2차원일 때 발생하며 받음각(angle of attack)에 따른 초기 양력의 증가율은 이론적으로 2π가 된다. 이 값이 수중익이나 항공기 날개가 받음각에 의하여 양력을 발생하는 양력발생 증가율의 상한선이다.

따라서 수중익 시스템을 될수록 2차원에 가깝게 하기 위하여 그림 7에서 볼 수 있는 바와 같이 쌍동선의 두 선체 중앙에 연결기둥(strut)을 설치하고 연결기둥으로 전체 수중익의 양 끝단을 막음으로써 역류(cross flow)를 방지하여 될수록 2차원 수중익에 접근하도록 하였다.

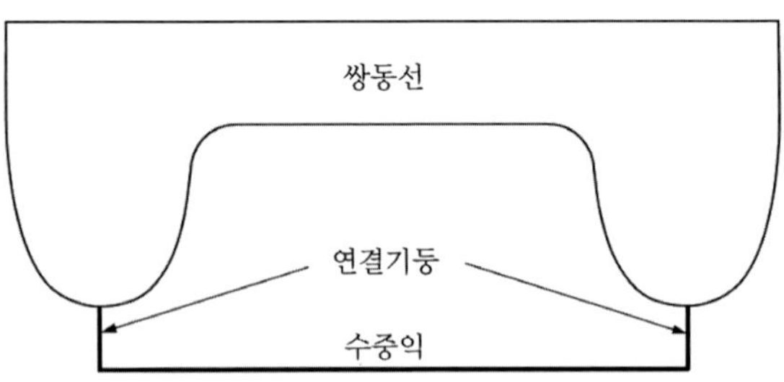


**【그림 7】 수중익 설치 안**

수중익 설계는 항공기 날개 설계보다 훨씬 더 까다롭고 주의를 해야 한다. 왜냐하면 공기 중에서는 발생하지 않는 두 가지 복잡한 문제에 접하게 되기 때문이다. 첫째는 자유표면(수면)의 영향이고 두 번째로는 액체의 공동현상(cavitation phenomenon)이다. 이 두 가지 심각하고 까다로운 현상은 항공기에서는 발생하지 않는다.

조선공학에 있어서 공동현상은 추진용 프로펠러나 초고속 수중익선의 수중익에서 자주 발생하며 일단 한번 발생하면 치유하기가 극히 어려운 복잡하고 까다로운 현상이다. 그러나 이 책에서는 문제의 성질상 공동현상에 대해서는 논의하지 않으려 한다.

또 한가지 문제는 자유표면의 영향이다. 선속이 증가함에 따라 수중익의 발생양력이 증가하여 선체가 부양된다. 그러나 자유표면 아래서 작동하는 수중익은 자유표면에 가까이 떠오를수록 양력이 감소하게 된다. 양력이 부족하여 선체가 완전히 부양되지 못해도 안되고 양력이 너무 커서 수중익이 수면까지 떠올라도 저항의 증가를 비롯한 여러 가지 문제가 발생하게 된다. 설계자가 의도하는 수심까지 떠올라 정지하면서 충분한 양력을 발생할 수 있는 수중익을 한 번에 정확히 설계하는 기술이 전 세계에 존재하지 않았다.

이러한 상황 하에서 저자는 이론적, 시험적 연구를 수행하여 설계자가 의도하는 대로 원하는 수심에서 원하는 양력을 정확히 발생하도록 수중익을 설계하는 기술을 개발하였다.

세부적인 이론은 선박해양 유체역학의 최고수준 분야 중 하나라고 할 수 있는 자유표면 경계값 문제(free-surface boundary value problem)의 정확한 풀이(exact solution)에 기반을 두고 있으며 공식유도 등 상당히 많은 지면을 사용하여 논의하여야 하지만 여기서는 설계 기술의 이론적 배경을 간단히 소개하고자 한다.

그림 8에서 볼 수 있는 바와 같이 수면 아래 h만큼 잠겨서 정상 이동하는 수중익을 생각하여 보자. 그리고 수중익 단면의 길이(chord)를 C라고 표현하자.

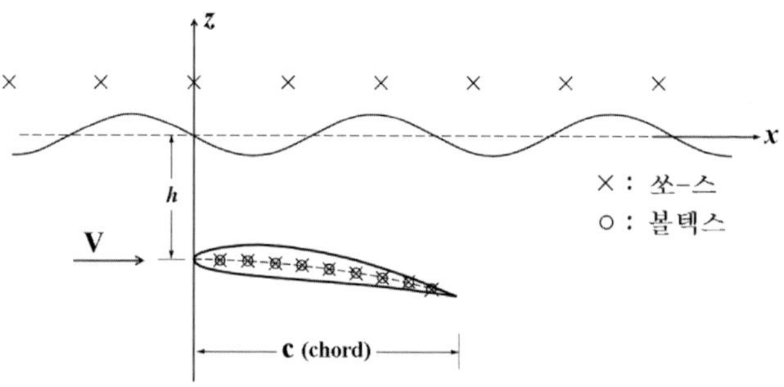


**【그림 8】 자유표면 근처에서 정상 이동하는 수중익**

문제를 유체역학적으로 취급하기 위하여 수중익의 중앙선, 즉 캠버선(camber line)에 쏘-스(source)와 볼텍스(vortex)를 분포하고 수면 위에도 쏘-스를 분포하였다.

이러한 문제를 취급하는 대부분의 학자들이 변형이 일어나지 않은 정적 수면 위, 즉 파도가 발생하기 전의 수면 위에 쏘-스를 분포시키지만 저자는 두 가지 이유로 그럴 필요가 없다고 생각한다. 첫째 이유는 어차피 수중익이 전진하면 파도가 발생하여 수면은 변형될 것이고 두 번째 이유는 유체역학에서 사용하는 쏘-스나 볼텍스가 모두 실제 세상에는 존재하지 않는 상상의 산물이기 때문이다.

저자가 과거 이에 대한 연구결과를 발표했을 때 몇 명의 학자들이 수면 위 공중에 무슨 쏘-스가 있느냐고 반론을 제기한 경우가 있었는데 이것은 상상력이 결핍된 답답한 생각이다. 어차피 쏘-스나 볼텍스 같은 특이점은 실제 세상에는 존재하지 않는 상상의 산물이고 상상의 세계에서는 무엇이던지 가능한 것이다.

저자는 수면 위에 분포된 쏘-스의 높이에 대해서도 여러 가지로 변화시켜 가면서 연구를 수행한 결과 어떤 일정 높이에 분포하였을 때 가장 빨리 수렴한다는 결론에 도달하였다.

저자는 이론적 연구를 위하여 유체역학의 포텐셜 이론(potential theory)을 사용하였다. 포텐셜 이론은 수중익이 발생하는 양력(lift)을 추정하기 위해서는 매우 유용하지만 유체의 점성을 무시하기 때문에 항력(drag) 추정에는 한계가 있다. 따라서 저자는 항력 추정을 위해서 점성저항과 포텐셜 이론으로부터 도출되는 유기항력(induced drag)을 결합하였다.

문제를 정식화하면 다음과 같다 :

- 수중익은 정지해 있고 유체가 정상속도 V로 접근한다고 가정한다(정상상태).

- 유체는 이상유체(비점성, 비압축성)이고 유체운동은 비회전성(irrotational)이라고 가정한다. 따라서 속도 포텐셜(velocity potential), $\phi$가 존재한다.
- 수면하 유체운동은 라프라스 방정식(Laplace equation)을 만족한다. 즉 지배방정식(governing equation)은 아래와 같은 Laplace 방정식이다.

$$\nabla^2 \phi = 0, \quad z \le \zeta$$

여기서 $\zeta$는 변형된 수면을 나타낸다.

- 속도 포텐셜 $\phi$는 접근하는 유체와 수중익의 캠버선상에 분포된 쏘-스와 볼텍스, 그리고 수면 위에 분포된 쏘-스로 구성된다. 즉,

$$\phi = vx + (\Sigma \text{ 쏘-스} + \Sigma \text{ 볼텍스})_{\text{캠버선}} + (\Sigma \text{ 쏘-스})_{\text{수면위}}$$

- 다음의 경계조건을 만족하여야 한다.
  • 자유표면 경계조건
  • 수중익 표면에서의 경계조건.

수중익은 정지해 있다고 가정하였으므로 수중익 표면의 모든 점에서는 다음의 경계조건이 만족된다.

$$\vec{v} \cdot \vec{n} = \nabla\phi \cdot \vec{n} = 0$$

- 수중익 꼬리(tail)조건
  수중익 꼬리에서는 Kutta-Joukowski 조건을 만족하여야 한다.
- 무한수심, 또는 바닥(bottom) 경계조건

위에 정리해 놓은 문제의 정식으로부터 답을 구하기 위해서는, 즉 모든 특이점(쏘-스와 볼텍스)의 강도(strength)를 구하기 위해서는 수중익 표면 위와 자유표면 위에 특이점 개수만큼의 계산점(field point)을 설정하고 각각의 계산점에서 경계조건을 만족하는 연립방정식 시스템을 수립한 후 방정식을 풀면 된다.

방정식을 풀어서 모든 특이점의 미지강도를 구하면 베르누이 방정식(Bernoulli equation)에 의하여 수중익 위의 원하는 위치에서 상대 압력을 구할 수 있고 압력을 적분하여 양력과 유기항력을 구할 수 있다.

수중익의 성능 추정을 위한 이론적 방법이 준비된 후 수중익의 유체역학적 특성, 즉 양력과 항력 및 캠버와 받음각의 실용적인 범위에 대한 체계적이고도 철저한 연구를 수행하기로 결정하였으며 표 2에 연구내용을 정리하여 놓았다.

표 2에 정리해 놓은 바와 같이 5가지 캠버 각각에 대하여 두께가 다른 6가지 수중익, 도합 30개의 수중익을 설계, 제작하고 각각의 수중익에 대하여 4가지 수심과 6가지 받음각과 5가지 속도, 도합 120가지 작동 조건에 대한 이론적 계산과 시험적 측정을 수행하였다. 그러니까 총 3,600가지 서로 다른 조건에

대한 이론적 계산과 시험을 수행한 것이다. 이 연구는 실용적인 범위 내에 있는 모든 수중익의 특성과 작동조건을 포함하고 있다고 할 수 있으며 실로 방대하고도 세계에서 유일한 연구라고 생각한다. 연구 결과는 3권의 대내 보고서에 정리되어 있으나 머지않아 독립된 설계 자료집으로 출간하려 한다.

**표 2 수중익의 유체역학적 특성 조사를 위한 연구 내용**

| | |
|---|---|
| 캠버의 크기 | 코-드 길이의 0(대칭 수중익), 3, 6 9, 12% |
| 최대 두께 | 코-드 길이의 6, 9, 12, 15, 20, 25% |
| 수심 | 코-드 길이의 0.4, 1.0, 2.0, 4.0 |
| 받음각 | 0, 3, 6, 9, 12, 15° |
| 속도 | 코-드 길이에 대한 프르드 수 1.0, 2.0, 3.5, 5.0, 7.0 |

수중익의 유체역학적 특성에 대한 방대한 연구로부터 여러 가지 유용한 결과가 도출되었으나 본 연구와 직접적인 관련이 있는 몇 가지만 언급하고자 한다.

- 첫째, 이론적 방법에 의하여 구한 양력은 수중익이 자유표면에 매우 근접해 있는 경우를 제외하고는 항상 시험결과와 90% 이상 일치한다. 특히 수중익이 수중익의 코-드 길이 이상 깊이 잠겨있을 때는 시험 결과와 95% 이상 일치한다. 시험결과는 이론적 결과보다 5 ~ 10% 정도 적게 나오는데 그 이유는 이론적 방법에서는 완벽한 2차원 상태를 가정한 반면 시험은 2차원 상태에 어느 정도 접근할 뿐 정확한 2차원 상태를 재현할 수 없는 것이 결과에 차이를 가져오는

가장 큰 원인이라고 판단된다.

- 둘째, 이론적 방법으로 포텐셜 이론을 사용하였으므로 점성을 무시하였다. 점성은 수중익 주위에 경계층(boundary layer)을 형성하여 수중익의 두께가 약간 증가하는 듯한 효과를 가져 온다. 그러나 본 연구를 통하여 실용적인 범위 내에서의 두께 변화가 양력에 미치는 영향은 미소하다는 사실이 입증되었다. 따라서 점성이 양력에 미치는 영향은 무시할 만하다는 결론을 도출할 수 있다.

- 셋째, 항력은 선체 저항에 있어서와 동일하게 점성에 의한 항력이 큰 부분을 차지할 것이다. 그러나 이론적 방법에서는 점성을 무시하였으므로 유기항력만 계산된다. 받음각과 캠버가 없는 대칭 수중익에서는 유기항력이 없고 점성저항뿐 이므로 이 경우에 대한 점성저항을 경계층 이론과 시험적 측정을 통하여 정확히 결정한 후 점성을 포함한 항력 추정 방법을 도출하였다.

- 양력은 자유표면의 영향을 크게 받는다. 즉 수중익이 자유표면에 가까이 부상할수록 양력이 감소한다. 그러나 항력은 자유표면의 영향을 거의 받지 않는다. 즉 자유표면에 가까이 부상해도 항력은 거의 동일하다. 항력의 한 가지 재미있는 특징은 수심에 거의 관계가 없다는 것이며 이러한 현상은 역시 항력의 대부분이 점성저항에 기인한다는 사실을 의미한다고 할 수 있다.

- 포텐셜 이론에 의한 이론적 방법으로는 받음각과 캠버의 실용적 범위, 즉 수중익의 유효사용 상한선(upper limit)을 알 수가 없다. 이들 범위는 시험에 의해서만 결정된다. 그러나 거의 모든 수중익은 이 상한선보다 훨씬 적은 상태에서 작동되며 또한 그렇게 되도록 설계해야 한다.

- 수중익이 자유표면에 매우 가깝게 접근했을 때는 자유표면의 파형이 더 이상 규칙파가 아니기 때문에 시험이 극히 어렵고 측정결과도 부정확하게 된다. 그러나 이론에서는 어떠한 경우에도 규칙파가 유지되는 것으로 가정하므로 이론적 계산과 측정결과에 큰 차이가 나게 된다. 사실 이때에는 이론적 계산도, 시험적 측정도 모두 부정확하게 된다. 수중익이 자유표면에 거의 근접하거나 자유표면 위에서 작동하게 되는 경우에는 저자가 개발한 자유표면 수중익 이론(free-surface hydrofoil theory)*에 의하여 설계된 수중익을 사용하여야 한다.

## 3.6 추진 프로펠러

상선의 프로펠러를 설계할 때 가장 기본이 되는 항목은 요구되는 선속이다. 선체 저항을 극복하고 요구되는 선속을 만족하도록 충분한 추력을 발생하면서 구동마력은 최소가 되도록, 즉 효율이 최대가 되도록 설계하는 것이 프로펠러 설계 원칙이다.

---

* 저자는 자유표면에서 작동하는 고효율 수중익 설계이론을 개발하였으며 “자유표면 수중익(free-surface hydrofoil)” 이라는 명칭을 사용하고 있음.

그러나 본 인력선의 경우에는 2명, 또는 4명의 사람이 발생하는 힘, 즉 프로펠러 구동력을 추정해야 하고 구동력이 결정되면 선박의 최고 속도를 가정한 후 그 속도를 낼 수 있는 추력을 발생하도록 프로펠러를 설계하는 것이 설계 원칙이다. 초기에는 선박의 최고 속도를 알 수 없으므로 여러 가지 속도를 가정하여 설계하면서 최적점을 찾기로 하였다.

우선 프로펠러에 대한 총 구동력을 추정하기 위한 제 1단계로 사람이 발생하는 힘(human power)에 대한 자료를 조사하기 시작하였다. 누구나 알고 있는 상식이지만 사람이 발생하는 동력은 개인의 체력과 건강 상태에 따라 크게 차이가 나며 시간이 흐름에 따라 감소하는 특징이 있다.

여러 가지 참고문헌을 찾으며 인력에 대한 자료를 조사하였다. 대표적으로 미국조선학회(SNAME)를 통하여 발표된 고대 그리스 전투선의 경우 노 젓는 사람 1人이 낼 수 있는 능력에 대한 연구논문[7]과 미국 과학잡지 Scientific American 1986년 12월호에 게재된 인력 수중익선 관련 자료를 예로 들 수 있다.

그림 9는 미국조선학회의 연구논문[7]에서 인용한 것으로 인간은 순간적으로 1마력 이상의 힘을 낼 수도 있으나 시간에 따라 힘이 감소함을 보여주고 있다. 인력선 경기에서는 속도 경기 시간이 1~2분 정도임을 고려할 때 선수 1명이 낼 수 있는 힘은 약 500Watt(약 0.7마력) 정도로 추정된다.

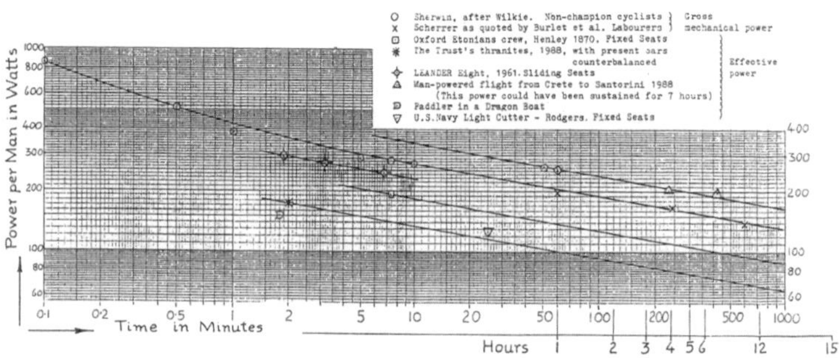


【그림 9】 시간 경과에 따른 인력의 변화[7]

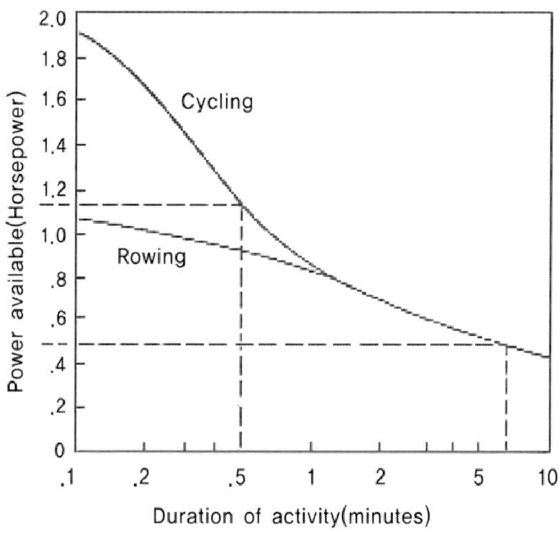


【그림 10】 시간 경과에 따른 인력의 변화

그림 10은 미국 과학잡지 Scientific American 1986년 12월호에서 인용한 것으로 1980년대 후반에 미국에서 개최된 인력선 대회에서 우수한 성적을 거둔 "Flying Fish"라고 하는 인력 수중익

선의 실적을 반영한 설계곡선이며 잘 훈련된 선수 1명이 낼 수 있는 힘의 시간에 따른 변화를 보여주고 있다. 그림 10으로부터 출발 후 1~2분간 선수 1명의 출력은 약 0.7마력으로 추정할 수 있으며 2가지 참고 자료로부터 추정한 값에 일관성이 있어서 신빙성을 갖게 되었다.

또한 동력전달 효율(transmission efficiency)을 아는 것이 중요하다. 왜냐하면 동력원(power source)에서 발생된 힘이 프로펠러를 구동시키기 위하여 얼마만큼이나 프로펠러에 전달되는지를 알아야 하기 때문이다. 디젤엔진과 같은 주 기관과 프로펠러가 한 개의 축으로 직결된 상선의 경우에는 전달효율이 99% 정도로 매우 높다. 그러나 본 인력선의 경우 동력전달장치가 복잡하고 정교하게 제작되지 못한 점을 고려하여 전달효율을 90%로 가정하였다.

전문적인 선수가 아닌 사람이 발생할 수 있는 힘과 동력전달 효율을 종합적으로 고려하여 프로펠러를 구동하기 위하여 전달되는 동력은 선수 1명당 0.5마력으로 추정하였다. 그리고 이러한 구동력에 대하여 최고 선속을 가정하고 프로펠러 설계를 수행하기로 원칙을 정하였다.

이와 같은 기본원칙이 정해진 후의 세부설계는 정해진 동력에서 최대 추력이 발생하도록 최적화 과정을 통하여 여러 가지 프로펠러의 특성을 결정하는 것이다. 프로펠러의 주요 특성으로는 다음과 같은 것들을 들 수 있다 :

- 프로펠러 직경(propeller diameter)
- 허브 직경(hub diameter)
- 날개 수(number of blades)
- 회전 수(number of revolutions, RPM)
- 투영형상(planform)
- 날개 전개 면적비(expanded blade area ratio)
- 핏치 분포(pitch distribution)
- 캠버 분포(camber distribution)
- 스큐 분포(skew distribution)

프로펠러 회전수에 대하여는 우선 그 기본이 되는 선수들의 자전거 페달 회전수를 먼저 결정하여야 하므로 자전거 경륜협회에 문의를 한 결과 자전거 경주선수들이 좋아하는 페달 회전수는 72 ~ 100RPM 수준이며 단거리 선수의 경우 110RPM 정도라는 것을 알았다. 이에 따라 페달 회전에 대한 설계기준을 100RPM으로 결정하였다.

프로펠러 설계자체는 저자가 개발한 "등각변환이론에 의한 프로펠러 설계방법(Propeller Design Method by Conformal Transformation Theory)[8]"에 의하여 준비된 전산프로그램(MIN-PBD-1)을 사용하여 수행하였다.

P·A·R·T

# 4 2002년도 인력선 축제 참가기

## 4.1 개 요

현대중공업 선박해양 연구소에서는 인력선 축제 초기부터 시범경기에 대한 참가 초청을 받아온 바 있으나 인력선 축제가 주로 조선해양공학을 전공하는 대학생들을 대상으로 하는 행사이므로 행사 경비 중 일부를 지원해 주고 실제 행사에는 참여해 오지 않았다. 2002년도 인력선 축제 시범경기에도 참가 초청을 받았으나 역시 참가할 계획이 없었다.

그러던 중 일본에서의 인력선 대회에 8년 동안 참가하면서 지속적으로 성능을 개선하여 왔다는 히로시마 대학의 인력선이 시범경기에 참가한다는 소식을 들었다. 2002년 6월이었다. 우리의 기술로 인력선을 설계·제작한다면 일본의 우수한 인력선의 성능을 어느 정도나 따라갈 수 있을 지 한번 가늠해 보고 싶은 생각이 들었다.

2002년도 인력선 축제는 8월 16일(금요일)과 17일(토요일) 2일간 대전광역시 갑천 조정경기장에서 거행되는 것으로 일정이 잡혀 있었다. 준비를 하기에는 시간이 너무 부족했다.

여러 번 참가 여부를 결정하기 위한 내부 회의를 하였다. 이번은 그냥 지나가고 다음번에 참가하자는 의견이 지배적이었으나 결과에 연연하지 말고 최선을 다해 보자는 의견들도 만만치 않았다. 2002년 7월 초 경기 참가를 결정하였다. 참가할 인력선의 선박 형태도 결정하였다. "수중익 쌍동선" 이었다. 제반 결정과 더불어 즉시 설계에 착수하였으나 시간이 부족하여 초조하기도 하였다. 특히 설계과정(design cycle)을 반복하면서 설계 단계마다 최적화 분석을 수행할 시간이 전연 없었다. 경량화에 대한 대책을 세울 시간도 없었다. 제작은 7월 중순부터 시작하였다.

실제 세부 설계 및 제작에 착수하기 전에 전체적인 구성, 즉 일반 배치(General Arrangement)에 대한 생각을 정리하여 보았으며 그림 11은 2인승 인력 수중익 쌍동선의 초기 개념도를 보여주고 있다.

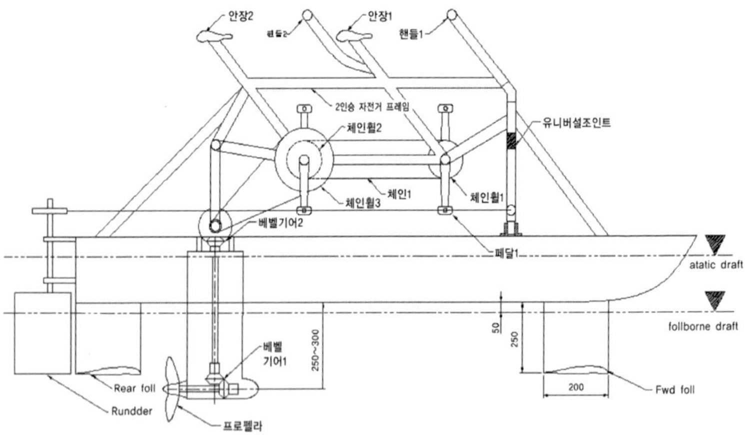


【그림 11】 2인승 인력 수중익 쌍동선의 초기 개념도

## 4.2 중량 추정

선형설계를 비롯한 설계를 진행시키기 위해서는 먼저 전체 중량, 즉 배수량을 결정하여야 하는데 중량 추정은 단독적으로 할 수 있는 작업이 아니다. 초기 중량 추정에 큰 영향을 미치는 것은 선체의 치수, 특히 길이이며 그 외에도 여러 가지 중량 구성 요소들이 복합적으로 작용하게 된다. 인력선에 대한 경험도 전무하고 준비 시간이 극히 부족하기 때문에 선체의 길이 5m 안(제 1안)과 4m 안(제 2안)의 두 가지 안을 동시에 추진하고 설계가 어느 정도 진행된 후 더 효과적인 안을 선정하거나 아니면 두 가지 안을 절충하기로 하였다.

**표 3 초기 추정 중량(2002년 2인승)**

(단위 : kg)

| 중량 요소 | 제 1안<br>(길이 5m 선형) | 제 2안<br>(길이 4m 선형) |
|---|---|---|
| 선체 | 35.0 | 20.0 |
| 수중익 시스템 | 15.0 | 10.0 |
| 탑승 및 선체 고정 구조물 | 16.0 | 16.0 |
| 동력 전달장치 | 12.0 | 12.0 |
| 선회 장치 | 2.0 | 2.0 |
| 선체 총중량 | 80.0 | 60.0 |
| 선수 2인 | 120.0(60.0 × 2) | 120.0(60.0 × 2) |
| 전체 중량(배수량) | 200.0 | 180.0 |

전체 중량은 제 3장에서 설명한 대로 각각의 중량구성 요소별로 중량을 추정하여 합을 구하는 방법을 사용하였으며 표 3에 각 구성요소별 초기 추정 중량을 정리하여 놓았다. 그러나 표 3에 정리해 놓은 초기 추정은 지나친 의욕의 결과라는 것을 후에 알게 되었다.

## 4.3 선형 설계와 선체 제작

두 가지 추정된 전체 중량, 즉 200kg과 180kg의 두 가지 배수량에 대하여 최고 선속을 10.0놋트로 가정하고 저자가 개발한 최적 특성 선정 프로그램을 사용하여 선형설계를 위한 주요 특성을 결정하였으며 표 4에 정리하여 놓았다.

결정된 주요 특성에 따라 저자가 준비하여 놓은 초고속선 선형 설계 프로그램을 사용하여 쌍동선의 선형을 설계하였다. 쌍동선의 선형설계를 위해서는 두 단동선 사이의 거리를 먼저 결정하여야 하는데 이것은 일반적으로 두 단동선 선체간의 간섭현상(interference effect)과 안정성을 고려하여 결정하게 된다. 그러나 본 인력선에서는 중량에 미치는 영향도 중요한 고려사항이 되므로 세가지 사항을 고려하여 두 단동선 간의 거리를 결정하였다. 또한 선수들이 승선한 만재상태에서의 초기 정적 트림을 고려하여 선미 쪽으로 배수량이 많이 분포될 수 있도록 선미부 끝단(transom)의 폭을 결정하였다. 그림 12는 길이 5m 쌍동선(제 1안)의 선형을 보여주고 있으며 그림 13은 길이 4m 쌍동선 (제 2안)의 선형을 보여주고 있다.

**표 4** **주요 선형설계 특성(2002년 2인승)**

| 특 성 | 기호 | 단위 | 특성 값 | |
|---|---|---|---|---|
| | | | 제 1안 (길이 5m 선형) | 제 2안 (길이 4m 선형) |
| 총 배수량 (쌍동선의 배수량) | △ | kg | 200.0 | 180.0 |
| 단동선의 배수량 | ½△ | kg | 100.0 | 90.0 |
| 선체 길이 | L | m | 5.0 | 4.0 |
| 전 폭 (쌍동선의 선폭) | BR | m | 1.52 | 1.44 |
| 단동선의 선폭 | B | m | 0.32 | 0.24 |
| 흘수(수심) | T | m | 0.10 | 0.15 |
| 선체 높이 | D | m | 0.20 | 0.24 |
| 단동선간의 거리 | d | m | 1.2 | 1.2 |
| 방형계수 | CB | - | 0.625 | 0.625 |

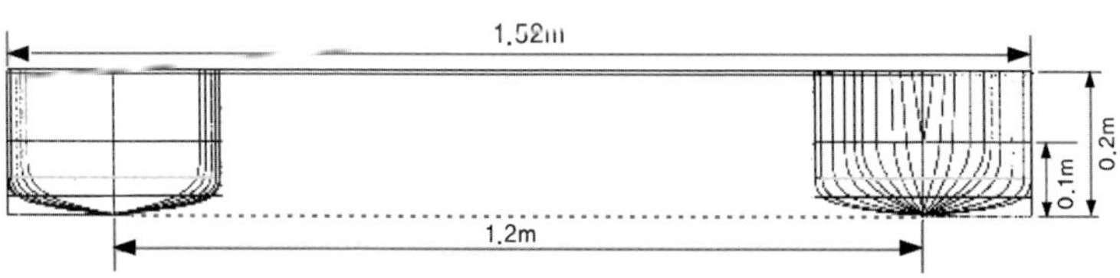


횡단면도

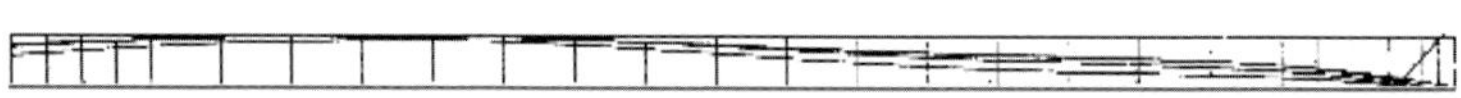

수선면도

**【그림 12】** 길이 5m 쌍동선(제 1안)의 선형(2002년 2인승)

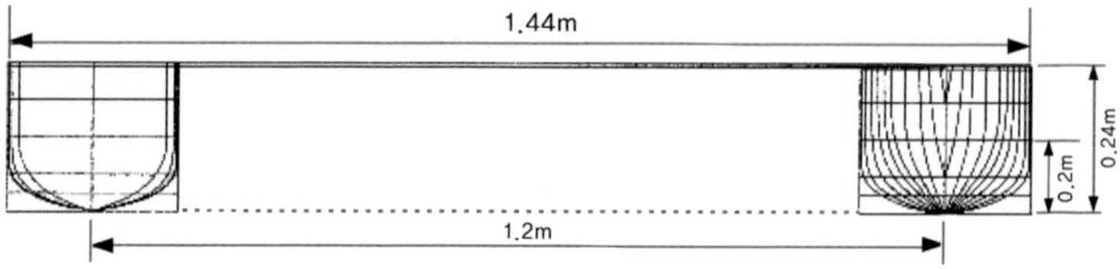


횡단면도

수선면도

【그림 13】 길이 4m 쌍동선(제 2안)의 선형(2002년 2인승)

인력선 선체는 통상적으로 FRP를 이용하여 제작하나 시간이 급한데 반하여 FRP선 제작 경험이 없어서 초기에 고생을 많이 하였으며 제한된 시간 내에 2척의 쌍동선을 FRP로 제작하기에는 무리라는 판단을 하게 되었다. 따라서 짧은 준비기간 내에 2척의 선체를 제작하기 위해서, 또한 중량 경감을 위해서 길이 5m 쌍동선(제 1안)은 밀도가 낮은 포리우리탄(polyurethane)에 FRP를 입혀서(coating) 먼저 제작을 하기로 하였고 길이 5m 쌍동선의 선체 제작 경험을 살려서 FRP를 사용하여 길이 4m 쌍동선(제 2안)의 선체를 제작하기로 하였다. 그림 14와 15는 길이 5m 쌍동선(제 1안)의 단동선에 대한 제작과정과 완성된 모습을 보여주고 있다.

길이 5m 쌍동선의 선체 제작이 끝난 후 길이 4m 쌍동선의 선체를 FRP로 제작하기 위한 작업을 시작하였다. 먼저 형틀(mould) 제작을 위한 코어(core)를 제작하고 그 위에 FRP를 입혀서 형틀을 제작하였다. 이 형틀 내부에 다시 FRP를 입혀서 선체를 제작하였다. 선체 강도는 유지하면서 선체 중량을 줄이기 위해서 선체 바닥은 FRP 2겹을 입혔으며 선체 상부는 1겹으로 처리하였다. 그리고 선체의 강도 보강을 위하여 선체의 길이 방향으로 4군데에 우레탄 보강제를 삽입하였다.

【그림 14】 길이 5m 쌍동선의 단동선 제작 모습(2002년 2인승)

【그림 15】 길이 5m 쌍동선의 완성 단계의 단동선 모습(2002년 2인승)

그림 16은 길이 4m 쌍동선의 단동선을 제작하기 위한 형틀 제작 모습을 보여주고 있으며 그림 17은 단동선 제작 완료 후 쌍동선을 제작하는 모습을 보여주고 있다.

【그림 16】 길이 4m 단동선의 FRP 형틀 제작 모습(2002년 2인승)

【그림 17】 제작중인 길이 4m 쌍동선의 모습 (2002년 2인승)

## 4.4 수중익 시스템 설계와 제작

선박이 설계 속도로 운항시 선체는 수중익이 발생하는 양력에 의하여 수면 위로 완전히 부양되고 수중익 시스템과 프로펠러만 물속에 잠겨서 운항하는 것으로 계획하였다.

수중익 시스템의 초기계획 단계에서는 수중익의 재질로 알루미늄을 채택하기로 하고 구조 강도상 수중익 중앙에 중앙 연결기둥(center strut) 설치의 필요성을 검토하기 위하여 3가지 두께의 수중익, 즉 최대 두께가 코-드 길이의 9%, 12%, 15%인 수중익을 설계하여 구조해석을 수행하였다. 구조해석 결과 수중익의 최대 두께가 코-드 길이의 12% 이상이 되면 중앙기둥이 없어도 수중익의 구조 강도상 문제가 없이 충분히 선체를 지지할 수 있다는 결론에 도달하였다.

중앙기둥이 있는 경우에는 없는 경우에 비하여 수중익 시스템의 중량과 총 저항이 증가하게 되기 때문에 수중익 두께를 증가시키더라도 중앙 기둥이 없는 수중익 시스템이 유리하다. 따라서 중앙기둥이 없고 최대 두께가 코-드 길이의 12%인 알루미늄 수중익 시스템을 채택하기로 하였었다.

수중익 설계는 저자가 개발하여 실제 수중익 초고속선 설계에 적용하였던 수중익 설계용 프로그램을 이용하여 수행하였으며 수중익 시스템의 단면 형상으로는 저자가 개발한 MIN-00-F 계열 단면 형상[4]을 사용하였다. 시스템이 단순하면서도 효율적이 되도록 수중익의 입사각은 고정식으로 하였다. 그리고 선수·선미 수중익의 양력분담은 선형, 탑승 및 선체 고정 구조물과 선수 2명의 배치를 고려하여 결정하였다. 표 5에는 이러한 개념들을 반영하여 설계한 2가지 수중익 시스템의 주요 특성이 요약 정리되어 있다.

**표 5 수중익 시스템의 주요 특성(2002년 2인승)**

| 특 성 | 길이 5m 선형 (제 1안) | | 길이 4m 선형 (제 2안) | |
|---|---|---|---|---|
| | 선 수 수중익 | 선 미 수중익 | 선 수 수중익 | 선 미 수중익 |
| 설계 양력(design lift) (kg) | 100.0 | 100.0 | 90.0 | 90.0 |
| 수중익 길이(span) (m) | 1.2 | 1.2 | 1.2 | 1.2 |
| 단면 길이(chord) (m) | 0.2 | 0.2 | 0.2 | 0.2 |
| 수심(foil depth) (chord 길이비) | 1.0 | 1.0 | 1.0 | 1.0 |
| 최대 두께(max. thickness) (% chord) | 12.0 | 12.0 | 12.0 | 12.0 |
| 받음각(angle of attack) (degree) | 0.0 | 0.0 | 0.0 | 0.0 |
| 최대 캠버(max. camber) (% chord) | 4.00 | 4.50 | 4.00 | 4.25 |

그러나 12% 두께의 수중익을 알루미늄으로 제작할 경우에는 수중익 1개의 중량이 약 10kg이 되고 앞·뒤 수중익과 4개의 연결기둥(side strut)을 포함한 수중익 시스템 전체 중량은 35kg이 되어 선형설계시 목표로 하였던 10kg을 훨씬 초과하는 것으로 판명되었다. 초과된 중량을 감소시키기 위하여 알루미늄 보다 강도는 약간 떨어지지만 훨씬 가벼운 티크 목재를 사용하기로

하고 다시 구조해석을 수행하기로 하였다. 최대 두께가 12%와 15%인 2가지 목재 수중익에 대한 구조해석을 수행하였으며 그 결과를 표 6에 요약 정리하여 놓았다.

**표 6 티크목재 수중익의 구조강도 검토(2002년 2인승)**

| 항 목 | 최대 두께 12% 수중익 | 최대 두께 15% 수중익 |
|---|---|---|
| 안전 계수 | 1.0 | 1.6 |
| 응력값($N/mm^2$) | 14.1 | 8.8 |
| 처짐량(mm) | 5.1 | 2.7 |

허용 응력은 티크목재의 항복응력 43$N/mm^2$의 1/3로 하여 14.3 $N/mm^2$ 인바 12% 두께 수중익의 경우 14.1$N/mm^2$로 거의 응력 한계 값에 도달하였으나 15% 두께 수중익의 경우 8.8$N/mm^2$ 밖에 안되어 여유가 많으며 처짐의 경우 허용 처짐량으로 기계 구조물의 설계시 사용되는 길이(span)의 1/360을 채택할 때 허용 처짐량이 3.33mm인데 12% 두께 수중익의 경우 처짐량이 5.1 mm가 되어 허용 처짐량을 초과하는 반면, 15% 두께 수중익의 경우에는 처짐량이 2.7mm가 되어 허용 처짐량 보다 적게 된다.

구조해석 결과로부터 두께가 15%인 티크목재 수중익의 경우 중앙기둥이 없는 시스템 채택이 가능하며 수중익 시스템 전체의 중량이 현저하게 감소하는 것으로 판명되었다. 따라서 티크 목재로 수중익 시스템을 제작하기로 결정하였다. 그림 18은 최대 두께가 15%인 티크목재 수중익의 구조해석 결과, 즉 등가 응력 분포 및 변형도를 보여주고 있다.

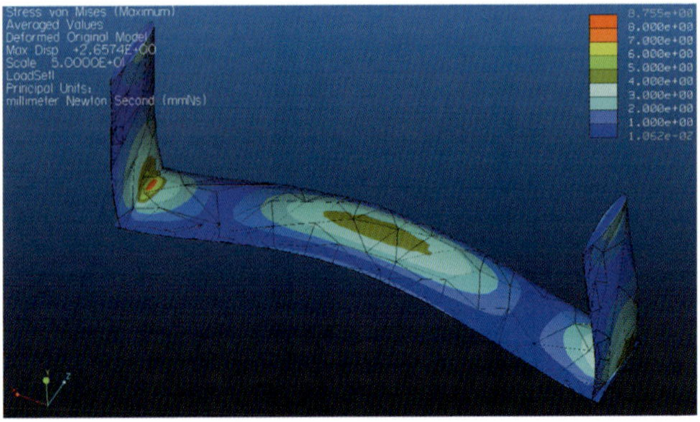


【그림 18】 최대 두께 15% 티크목재 수중익의 등가응력분포 및 변형 (최대 등가응력 8.8N/mm$^2$, 최대 처짐 2.7mm)

수중익 시스템의 재질로 티크목재를 사용하기로 결정함에 따라 티크목재 합판 세겹을 접착제로 접합하여 수중익의 비틀림 및 인장에 대한 강도를 높이도록 하였다.

수중익 시스템의 최종 주요특성은 단면의 최대 두께가 단면 길이(chord length)의 12%에서 15%로 더 두꺼워 진 것과 중량 증가로 인하여 발생 양력을 증가시키기 위해서 받음각을 약간 조정한 것 외에는 표 5에 정리되어 있는 특성과 동일하다.

연결기둥은 수중익과 선체를 연결하고 수중익이 발생하는 양력에 의하여 선체를 부양하는 역할을 하며 연결기둥의 길이는 활주 중에 선체 중앙하단(base line)이 수면 위 5cm 높이에 위치하도록 결정하였다. 그림 19는 길이 4m 선형(제 2안)에 대한 수중익 시스템의 단면형상을 보여주고 있다.

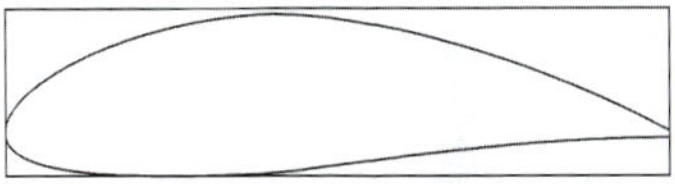

선수 수중익 단면

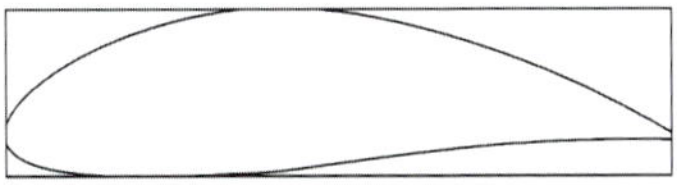

선미 수중익 단면

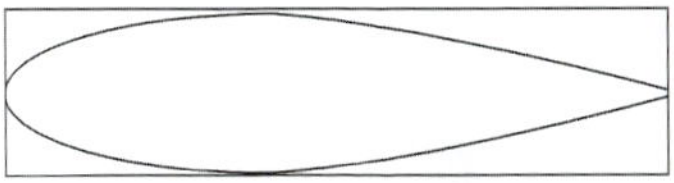

선수 수중익 연결기둥 단면

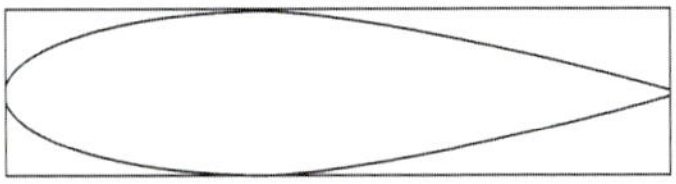

선미 수중익 연결기둥 단면

**【그림 19】** 길이 4m 선형에 대한 수중익 시스템의 단면형상 (2002년 2인승)

그림 20은 티크목재로 수중익을 가공하는 모습을 보여주고 있고 그림 21은 제작 완료된 수중익 시스템, 즉 선·수미 수중익과 연결기둥을 보여주고 있다.

**【그림 20】** 수중익 삭성 모습

선·수미 수중익

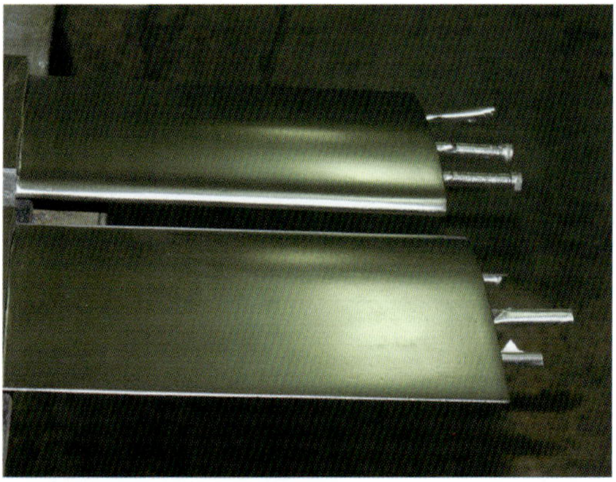

연결기둥

【그림 21】 제작 완료된 수중익 시스템

## 4.5 탑승 구조물

탑승 구조물은 개발하고자 하는 수중익 쌍동선에서 가장 중량이 크게 나가는 중량 구성 요소이다. 이 탑승 장치는 특별히 날렵하게 설계하여 가볍고 강력한 탄소섬유로 특별 제작하는 것이 가장 좋고 그것이 어렵다면 적어도 가벼운 알루미늄 합금으로 제작하여야 하는데 국내에서는 오랜 시간과 많은 경비를 들이지 않고는 그러한 구조물을 개발할 수가 없었다. 해결방안에 대해서 심사숙고 하다가 한 가지 쉬운 방안을 시도해 보기로 하였다.

현대중공업 선박해양연구소에는 그림 22에서 볼 수 있는 바와 같이 연구원들의 여가선용을 위하여 2인승 자전거(tandem bike)가 3대 비치되어 있었다. 그러나 자전거가 오래되고 낡아서 이용하는 직원이 거의 없었고 그냥 방치되어 있는 형편이었다. 자전거 차체(main frame)가 철로 만들어져 있어서 무겁기는 했지만 강도에 문제가 없는 범위 내에서 불필요한 부분을 제거하고 쌍동선의 적절한 위치에 설치하는 방법을 시도해 보기로 하였다.

【그림 22】 여가선용을 위한 2인승 자전거

탑승 구조물의 실제 설치는 선수와 선미에서 두 단동선을 쌍동선으로 결합시키는 선체 결합부재에 용접을 하여 고정시켰으며 쌍동선 선체결합 부재로는 45 × 45 × 5mm 규격의 "ㄱ"자형 알루미늄 구조물(angle)을 사용하였다.

선체 결합부용 알루미늄 부재는 수중익 시스템의 연결기둥 상단부와 연결되도록 함으로써 수중익 시스템에서 발생되는 양력이 연결 기둥을 통하여 선체와 선수 탑승 구조물에 직접 전달되도록 하였다.

## 4.6 프로펠러와 동력 전달장치

인력선의 프로펠러를 설계하기 위한 첫 단계는 구동력과 회전수를 결정하는 것이다. 제 3장에서 논의한 바와 같이 인간은 순간적으로 1마력 이상의 힘을 낼 수 있으나 시간이 지남에 따라 급격히 감소한다. 인력선 속도경기의 지속시간이 1 ~ 2분 정도라는 것과 동력전달 효율을 고려하여 프로펠러에 전달되는 평균 구동력을 1인당 0.5마력, 2인 기준 1.0마력으로 추정하였다.

여기서 선수들이 발생하는 구동력을 프로펠러에까지 전달하는 동력전달 개념을 정립할 필요가 있다. 선수 2인에 의하여 앞·뒤 페달(pedal)에서 발생되는 동력은 자전거 뒤쪽의 회전축에 설치된 상단 베벨치차(bevel gear)에 의하여 동력전달 방향이 90° 회전하여 수직축으로 전달된 후 물속에 있는 하단 베벨치차에 의하여 다시 90° 회전하여 수평으로 된 프로펠러 구동축(propeller shaft)에 전달됨으로써 최종적으로 프로펠러를 구동하도록 하는 것이 본 인력선의 동력 전달 방법이다. 이는 통상적인 인력선에서 볼 수 있는 기어 박스를 별도로 제작하지 않음으로써 중량 감소효과와 더불어 발생된 회전력을 직접 프로펠러에 전달되도록 하여 동력전달 효율을 높이는 이중효과를 얻기 위함이다.

동력전달장치 중 수직축 부분은 수밀(watertight)된 외부 구조물로 보호를 하였으며 외부 구조물이 과도한 저항을 유발하지 않도록 유선형으로 가공하였다. 프로펠러 구동부는 필요시 보수의 용이성을 위하여 별도로 가공하여 결합하였다. 그림 23은 이와 같은 동력전달 개념을 보여주고 있다.

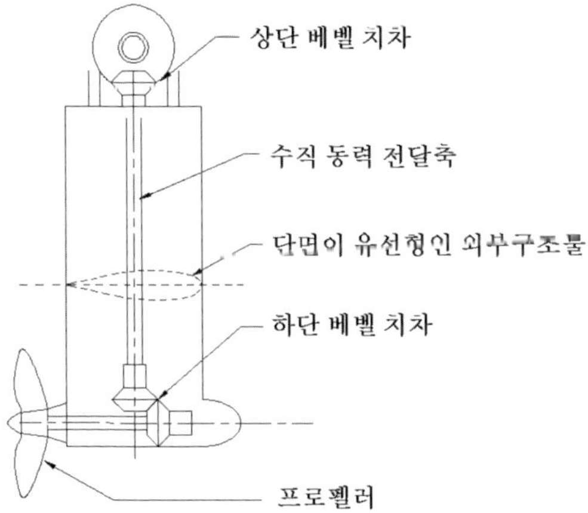


【그림 23】 동력 전달장치 개념도

프로펠러의 회전수를 결정하기 위하여 우선 선수들의 적절한 페달 회전수를 결정하여야 한다. 일반 경주용 자전거 선수들이 선호하는 회전수 범위를 참작하여 선수들이 1~2분간의 속도 경기 중 유지할 수 있는 최대 회전수를 100RPM으로 결정하였다. 치차비는 상단 치차와 하단 치차 각각 약 1 : 3이 되도록 하여 전체 치차비는 1 : 9가 되도록 하였다. 따라서 속도 경기 중 프로펠러 회전수는 900 RPM이 되도록 하였다.

이와 같이 프로펠러 구동력과 회전수를 결정한 후에 선박의 최고 속도를 10놋트로 가정하고 프로펠러를 설계 하였다. 프로펠러 설계 자체는 저자가 개발한 프로펠러 설계용 프로그램을 이용하였으며 프로펠러 날개 단면 역시 저자가 개발한 MIN-00-F 계열 단면을 사용하였다. 선수 2人 기준 프로펠러 설계조건을 표 7에 정리하여 놓았다.

**표 7 프로펠러 설계조건(2002년 2인승)**

| 구동력(power) | 회전수(RPM) | 최고 선속(VS) | 반류(Wake)* |
|---|---|---|---|
| 1.0마력 | 900 | 10.0놋트 | 0.0 |

* 균일류(uniform flow)로 가정하였으므로 반류는 없음.

프로펠러는 세 번 설계를 하였으며 설계와 제작이 끝나는대로 프로펠러 단독시험을 수행하였다. 그리고 인력선에 프로펠러를 설치하고 현대중공업 선박해양연구소 심수 예인수조에서 성능 검증을 수행하였다. 성능검증시험 중 가장 주목을 한 것은 과연 선수들이 속도 경기시간동안 지치지 않고 100 RPM의 페달 회전수를 유지할 수 있는가 하는 것이었다. 선수들이 무리없이 100 RPM의 페달 회전을 할 수 있도록 프로펠러 직경과 날개 수를 조정하였고 추력-선속 관계로부터 전개 면적비, 핏치 분포, 캠버

등을 조정하였다. 최종 프로펠러를 사용하여 성능검증을 할 때는 50m 구간 평균선속이 10놋트 이상으로 계측되어 어느 정도 안심이 되었다. 표 8에는 최종 프로펠러의 주요 특성이 정리되어 있으며 그림 24는 최종 프로펠러의 설계 특성을 보여주고 있다.

**표 4 최종 프로펠러의 주요 특성(2002년 2인승)**

| | | |
|---|---|---|
| 주요 특성 | 직경(m) | 0.29 |
| | 날개 수(개) | 2 |
| | 전개 면적비($A_E/A_O$) | 0.251 |
| | 70% 반경에서의 핏치비$(P/D)_{0.7R}$ | 1.3229 |
| | 스큐(Skew) (deg.) | 10.0 |

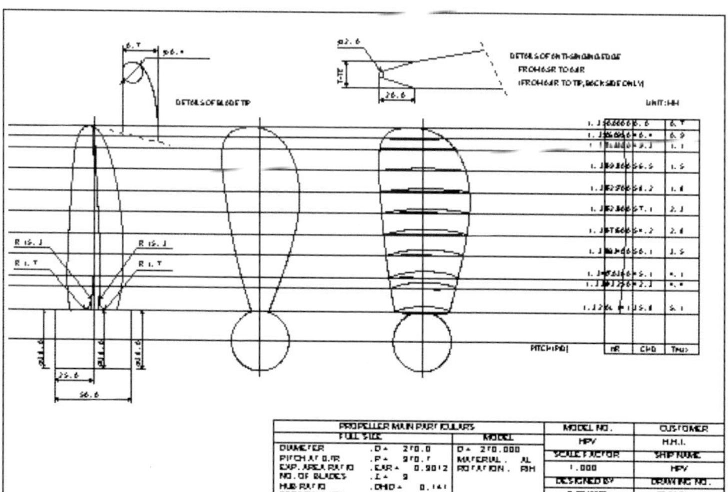


【그림 24】 최종 프로펠러의 설계 특성(2002년 2인승)

실제로 동력 전달장치 제작을 위하여 2인승 자전거에 설치되어 있는 2 × 10단의 변속치차와 뒷바퀴 축심에 부착되어 있는 치차 중 가장 직경이 큰 치차만 남겨놓고 모두 제거하였으며 2개의 치차에 하나의 공통된 동력 전달 쇠사슬(chain)을 설치하여 2人이 발생하는 동력이 균형을 맞추어 자전거 뒷바퀴 회전축에 전달되도록 하였다. 뒷바퀴 회전축에 전달된 구동력은 상단 베벨치차에 의하여 수직축으로 전달되고 하단 베벨치차에서 다시 수평축으로 전달되어 최종적으로 프로펠러에 전달되도록 하였음은 앞에서 소개한 바와 같다.

수직 동력전달 축은 수밀된 구조물로 보호하였으며 구조물 외부는 포리우레탄을 이용하여 유선형 단면현상을 갖도록 제작함으로써 저항을 줄이도록 하였고 동력전달 축 앞·뒤로 2개의 스테인리스 강(stainless steel) 봉을 사용하여 수직 구조물을 지지하도록 하였다. 그림 25는 제작 중인 동력 전달장치의 모습을 보여주고 있다.

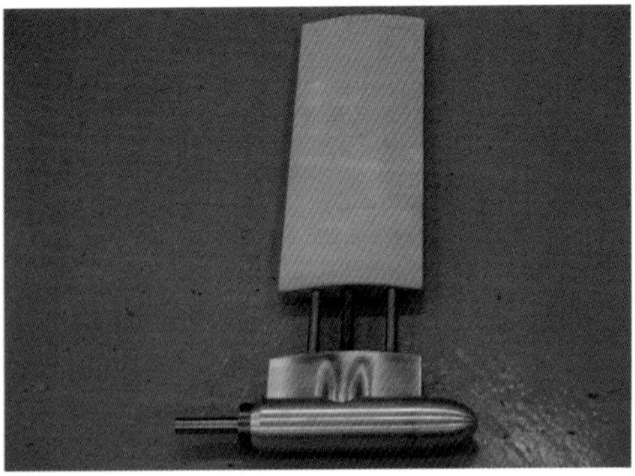

**【그림 25】** 제작 중인 동력 전달장치의 모습

## 4.7 선회 장치

본 인력선에서는 2개의 단동선 선미 끝단 날개기둥 바로 뒤에 방향타(rudder)를 설치하여 좌우로 회전시킴으로써 선체의 회전이 가능하도록 하였다. 방향타는 선체의 회전 뿐만 아니라 선체가 수면 위로 완전 부양 되었을 때 직진성 확보를 위해서도 필요하다.

방향타를 구동하기 위한 장치는 자전거 변속기어 뭉치에서 떼어낸 스프로켙 바퀴(sprocket wheel) 3개와 쇠사슬(chain), 인력선 좌/우현 선측 길이방향으로 배치한 스텐레스 쇠줄(cable)을 조합하여 구성하였다. 즉, 앞쪽 운전자 핸들의 좌/우 회전력이 핸들 축을 통하여 핸들 축 하부 끝단에 부착한 스프로켙 바퀴에 미끄러짐이 없이 직접 전달되고, 이 바퀴에 걸쳐진 체인과 연결되어 양쪽 선측 길이 방향으로 배치한 스텐레스 케이블을 통하여 방향타 축 상부 끝단에 설치된 스프로켙 바퀴를 회전시키도록 함으로써 방향타의 회전이 가능하도록 하였다.

방향타 설계시 방향타의 종횡비(aspect ratio)가 크면 양력 발생 측면에서는 유리하지만 방향타의 대각도 회전시 심한 박리현상(stall effect)이 발생하기 쉬우므로 일반 상선의 경우와 같이 종횡비가 1.6이 되도록 하였다. 방향타의 단면으로는 NACA 0012 형상을 사용하였다. 이 단면 형상은 거의 모든 일반 상선의 방향타 단면으로 폭 넓게 사용되고 있다. 방향타 자체는 선박의 선회 성능은 약간 희생되더라도 저항이 최소가 되도록 선미 수중익 연결기둥 바로 뒤에 설치하였다.

시범경기 초청을 받았을 때 시범경기도 속도경기와 조종경기(회전경기) 등 모든 경기종목에 참가해야 하는 것으로 생각하고 조종경기에 필요한 선회성능을 향상시키려고 방향타를 크게 만들어 부착하였었는데 이로 인하여 저항이 증가하기 때문에 속도성능이 약간 저하되었을 것이다. 시범경기는 200m 직선 속도경기만 한다는 시범경기 방식을 당일 개회식 후에 통보 받았다. 그림 26은 인력선에 설치된 방향타의 모습을 보여 주고 있다.

【그림 26】 인력선에 설치된 방향타의 모습(2002년 2인승)

## 4.8 인력선의 완성

지금까지 논의한 과정에 의하여 2인승 인력 수중익 쌍동선의 설계와 제작이 완료되었다. 2인승 인력선의 경우 한달 반이라는 단기간에 설계와 제작을 마치느라고 선체, 수중익, 프로펠러 등 핵심 구성 부분에 대해서 성능향상을 위한 설계 검토를 수행할 겨를이 없었고 또한 시스템 경량화를 위하여 숙고할 시간적 여유가 없었다. 표 9는 주요 제작 일정을 보여주고 있다.

## 표 9 2002년 2인승 인력선의 주요 제작 일정

연휴 (7/27–7/29) 하기 휴가 (8/4–8/11)

| 작업 항목 \ 일자 | | 7/23 | 24 | 25 | 26 | 27 | 28 | 29 | 30 | 31 | 8/1 | 2 | 3 | 4 | 5 | 6 | 7 | 8 | 9 | 10 | 11 | 12 | 13 | 14 | 15 |
|---|---|---|---|---|---|---|---|---|---|---|---|---|---|---|---|---|---|---|---|---|---|---|---|---|---|
| | | 화 | 수 | 목 | 금 | 토 | 일 | 월 | 화 | 수 | 목 | 금 | 토 | 일 | 월 | 화 | 수 | 목 | 금 | 토 | 일 | 월 | 화 | 수 | 목 |
| 선체 | 5m 선형*(1) (제 1안) | | | | | | | | | | | | | | | | | | | | | | | | |
| | 4m 선형*(2) (제 2안) | | | | | | | | | | | | | | | | | | | | | | | | |
| 수중익 | HPFC 1 | | | | | | | | | | | | | | | | | | | | | | | | |
| | HPFC 2 | | | | | | | | | | | | | | | | | | | | | | | | |
| 프로펠러 제작(3개) | | | (1) | | | | | | | (2) | | | | | (3) | | | | | | | | | | |
| 동력장치 | | | | | | | | | | | | | | | | | | | | | | | | | |
| Rudder 제작 | | | | | | | | | | | | | | | | | | | | | | | | | |
| 선체조립(HPFC 1) | | | | | | | | | | | | | | | | | | | | | | | | | |
| 선체조립(HPFC 2) | | | | | | | | | | | | | | | | | | | | | | | | | |
| HPFC 1 동력장치 조립 및 시운전 | | | | | | | | | | | | | | | | | | | | | | | | | |
| HPFC 2 동력장치 조립 및 시운전 | | | | | | | | | | | | | | | | | | | | | | | | | |

*(1) 우레탄에 FRP 코팅 제작
(2) FRP로 제작

인력선이 완성된 후 최종 집계된 중량은 참으로 실망스러웠다. 길이 5m 선형(제 1안)과 길이 4m 선형(제 2안) 모두 초기에 추정한 중량을 훨씬 더 초과하였으나 길이 4m 선형이 길이 5m 선형보다 상대적으로 나은 편이었다. 길이 4m 선형의 전체 중량은 길이 5m 선형에 비하여 25kg 정도 적었고 속도 성능도 더 좋았다. 따라서 최종적으로 길이 4m 선형을 선정하였다. 표 10은 길이 4m 선형 인력선의 초기 추정중량과 제작 후의 중량을 보여주고 있다. 표 10에서 볼 수 있는 바와 같이 최종 중량은 초기 추정중량, 즉 목표중량을 43.7kg이나 초과하였으며 이러한 결과는 경험부족에서 온 과욕임을 깨닫게 되었다.

**표 10 초기 추정 중량과 제작 후의 중량**(2002년 2인승)

- 길이 4.0m 선형 (단위 : kg)

| 중량 요소 | 초기 추정 | 경기 참가시 |
|---|---|---|
| 선체 | 20.0 | 37.0 |
| 수중익 시스템 | 12.0 | 13.4 |
| 탑승 및 선체 고정 구조물 | 16.0 | 23.1 |
| 동력 전달장치 | 12.0 | 14.2 |
| 선회 장치 | 2.0 | 2.5 |
| 기타* | - | 3.5 |
| 선체 총중량 | 60.0 | 93.7 |
| 선수 2인 | 120.0 | 130.0 |
| 전체 중량(배수량) | 180.0 | 223.7 |

* 도장 중량 포함

그림 27은 조립이 완료된 후 초기 도장이 끝나고 최종 도장을 기다리는 2002년도 2인승 인력 수중익 쌍동선의 모습을 보여주고 있으며 2002년도 인력선 축제 시범경기를 위하여 저자들이 설계·제작한 2인승 인력 수중익 쌍동선의 전체적인 구성과 배치를 선명하게 보여주고 있다.

【그림 27】 조립이 완료된 후 초기 도장이 끝나고 최종 도장을 기다리는 2002년 2인승 인력 수중익 쌍동선

## 4.9 인력선 축제와 시범 경기

### 4.9.1 경기 방식

인력선(human-powered vessel, HPV) 축제는 인간의 힘을 동력원으로 사용하여 추진하는 소형 선박들의 속도와 조종성능을 겨루는 시합이다. 국내에서는 조선해양공학 전공 대학생들에게 공학적 지식과 기술을 제공함으로써 기술 인력의 소양을 키우는 교육적

목적으로 1999년부터 개최되기 시작하여 점차 개최목적과 규모가 확대되어 왔다.

2002년 인력선 축제에서는 2가지 속도경기 부문과 조종경기 부문, 도합 3가지 부문의 본 경기와 시범경기로 진행이 되었으며 각 부문의 경기방식을 간략히 소개하면 다음과 같다.

### 200 m 속도경기 부문

200 m 직선 코스를 단 시간에 주파하는 경주로써 5팀씩 예선경기를 치른 후 각 조의 1위 입상자와 패자 부활전의 1, 2위에 대하여 결승 경기를 진행한다.

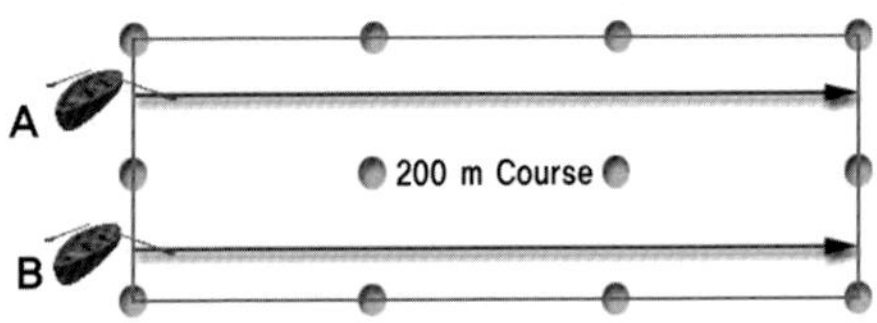


### 600 m 속도경기 부문

600 m 경주는 경기장을 1회전하여 지구력과 선박의 저항 특성을 평가하는 경기이다. 참가팀 2회씩 실시하여 그 중 빠른 기록으로 결선 진출 4팀을 결정하고 결선에서는 4팀이 동시에 출발하여 가장 빨리 결승점에 도달하는 경기이다.

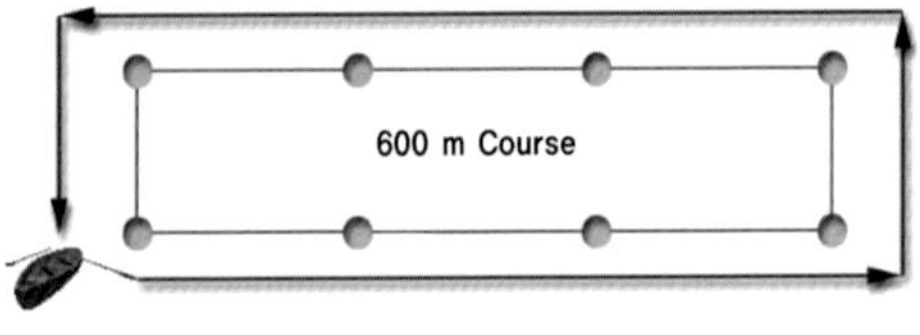

### 조종(maneuvering)경기 부문

조종경기 부문은 규정 코스를 회전하는 경기로써 제작된 인력선의 조종성능을 평가하는 경기이다. 두 팀씩 경기를 치루게 되며 기록 경기로 치루어진다. 1, 2차 예선을 통해 기록이 우수한 4팀을 선발하여 최종 결선이 이루어지며 역시 기록이 우수한 팀이 우승을 한다.

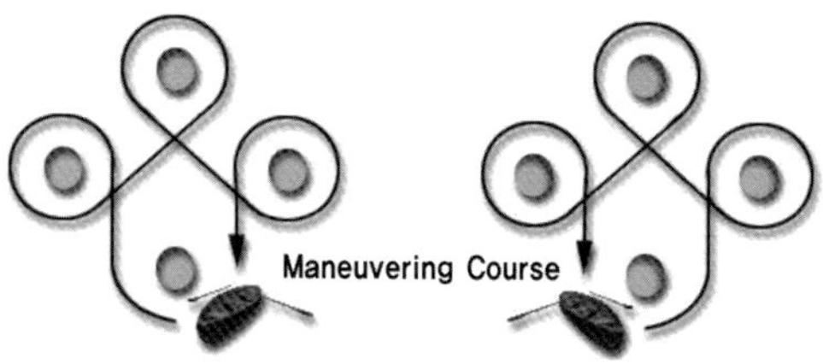


## 4.9.2 시범 경기

2인승 인력 수중익 쌍동선의 제작이 완료된 후 경기 첫날인 2002년 8월 16일 금요일 아침 6시에 참가팀 전원이 인력선을 트럭에 싣고 인력선 축제가 열리는 대전을 향하여 울산을 출발하였다. 참가팀은 종괄 1명, 선수 2명, 예비선수 겸 기록(촬영)요원 1명, 그리고 만일에 대비하여 정비 보수요원 4명, 도합 8명으로 구성되었다. 정비 보수요원 4명에는 선체담당 1명, 동력전달장치 담당 2명, 그리고 프로펠러 담당 1명이 포함되어 있었다.

오전 11시경 축제 장소인 대전광역시 갑천 조종 경기장에 도착하여 인력선을 진수하고 시험 운행을 하여본 후 점심식사를 하였다.

오후 1시부터 개회식이 거행되었으며 개회식이 끝난 후 시범경기 방식을 통보 받았다. 시범경기는 200m 직선 속도경기만 하는 것으로 결정되었다. 인력선 개발 당시에는 모든 경기종목에서 시범경기를 하는 것으로 이해하고 조종경기의 선회성능을 좋게 하려고 방향타를 크게 만들어 부착하였는데 이것이 선속에 얼마나 영향을 미칠지 염려되었다.

오후 2시 인력선 축제의 highlight인 참가 대학생들의 200m 직선 주행 결승전을 앞두고 시범경기가 열렸다. 시범경기에 참가한 기관은 현대중공업, 삼성중공업, 일본 히로시마 대학이었으며 삼성중공업에서는 수중익이 부착되지 않은 인력선으로 참가를 하였고 히로시마 대학에서는 수중익선(hydrofoil ship)으로 참가를 하였다. 히로시마 대학의 수중익선은 일본에서의 인력선 대회를 위하여 8년 동안 지속적인 성능개선이 이루어진 인력선이라고 하였다. 본 인력선과 8년간 지속적으로 성능을 개선해온 히로시마 대학의 인력선과는 외형부터가 크게 달랐으며 단기간에 제작된 본 인력선은 매우 엉성하고 초라하게 보였다. 표 11에는 일본 히로시마 대학의 인력선과 본 인력선과의 중량이 비교되어 있다.

**표 11 히로시마 대학의 인력선과 본 인력선과의 중량 비교**

(단위 : kg)

| 항목 | 히로시마 대학 인력선 | 본 인력선 |
|---|---|---|
| 선체 중량 | 34 | 93.7 |
| 선수 중량 (2人) | 112 | 130.0 |
| 전체 중량 | 146 | 223.7 |

출발신호와 함께 3개의 인력선이 출발하였으며 매우 경량화된 히로시마대학의 인력선이 먼저 부양이 되어 속도를 내기 시작하였다. 히로시마 대학의 인력선보다 78kg이 더 무거운 현대중공업의 인력선도 서서히 부양이 되면서 속도를 내기 시작하였다. 약 120m를 주행할 즈음 본 인력선이 히로시마 대학의 인력선을 추월하였으며 제일 먼저 결승선을 통과하였다. 히로시마 대학의 인력선은 경량화 면에서나 속도 성능 면에서나 본 인력선보다 훨씬 더 우수하였으나 자세의 불안정한 현상이 자주 발생하였으며 이로 인해 속도를 지속적으로 낼 수 없었다.

그림 28은 시범경기에서 저자들이 설계·제작한 2인승 인력 수중익 쌍동선이 150m 지점을 통과하며 주행하는 모습을 보여주고 있다.

**【그림 28】** 2002년 2인승 인력 수중익 쌍동선의 정속 주행 모습

2002년 2인승 인력선은 중량이 설계 목표보다 너무 초과되었으므로 추가 양력 발생을 위하여 앞·뒤 수중익의 받음각을 약간

조정하였음을 언급한 바 있다. 그림 28은 정속 주행시 선체가 완전히 부양되는 것을 보여주고 있으나 선체가 완전 부양되어 가속될 때까지 시간이 많이 소요되었으며 200m 전 구간의 평균 속도 약 8놋트, 150~200m 구간의 구간속도 12.2놋트를 기록하였다. 2002년 인력선 축제 시범경기의 최종 결과는 표 12에 정리되어 있다.

**표 12** 2002년 인력선 축제 시범경기 결과

| 순위 | 시범경기 참관 기관 | 200m 주행시간 |
|---|---|---|
| 1 | 현대중공업 | 49초 |
| 2 | 히로시마 대학(일본) | 52초 |
| 3 | 삼성중공업 | 1분 12초 |

원래 일정으로는 시범경기 종료 후 바로 울산으로 돌아오는 것으로 되어 있었으나 축제 참가자들의 요청에 의하여 본 인력선을 시승할 기회를 주었다. 그리고 인력선 설계와 제작에 대한 많은 논의와 함께 질의 응답식 조언을 주는 시간을 가졌으며 앞으로 인력선 축제 참가를 위하여 인력선을 설계·제작 할 때에 자문을 구하겠다는 요청이 많이 들어왔다. 또한 국내 참가 대학 학생들도 자신들이 설계·제작한 인력선도 완전히 선체 부양시킬 수 있다는 희망을 갖게 되었다고 하였다.

P·A·R·T

# 5 2003년 인력선 축제 참가기

## 5.1 개 요

2002년에는 경험이 전무한 상태에서 황급히 준비를 하여 시범 경기에 참가하였다. 다행히 200m 직선 주행 시범경기에서 참가한 3척의 인력선 중 가장 먼저 결승선을 통과하기는 하였으나 이것은 성능 면에서 우수했기 때문이 아니라 운이 좋았기 때문이었다.

2003년 인력선 축제 때에는 2002년에 실세·제작한 인력선을 개선하여 참가하기로 하였다. 따라서 설계와 경량화 면에서 많은 향상이 이루어지기는 했지만 설계 개념, 특히 전체적인 구성과 배치는 거의 동일하다.

2003년 인력선 축제는 역시 대전광역시 갑천 조정경기장에서 8월 8일(금요일)과 9일(토요일) 양일간 거행되는 것으로 일정이 잡혀 있었다. 2003년에는 2002년 보다 시간적 여유를 갖고 준비하기로 하였으며 2003년 2월부터 성능 향상 작업과 함께 경량화 방안을 준비하기 시작하였다.

## 5.2 중량 추정

2003년에는 2002년에 수립하였던 목표중량 180kg을 달성하고자 처음부터 좀 더 자세한 설계 검토와 함께 경량화 방안을 다듬어 나갔다. 전체 중량은 제 3장에서 설명한 대로 각각의 중량 구성 요소별로 중량을 추정하여 합을 구하는 방법을 사용하였으며 각 구성 요소별 초기 추정 중량과 경기에 참가할 당시의 실제 중량을 표 13에 정리, 비교하여 놓았다.

**표 13** 초기 추정 중량과 제작 후의 중량(2003년 2인승)

(단위 : kg)

| 항 목 | 초기 추정 | 경기 참가시 |
|---|---|---|
| 선체 | 20.0 | 16.5 |
| 수중익 시스템 | 10.0 | 4.4 |
| 탑승 및 선체 고정 구조물 | 16.0 | 20.0 |
| 동력 전달장치 | 12.0 | 6.5 |
| 타 및 프로펠러 | 2.0 | 2.0 |
| 기타* | - | 3.6 |
| 선체 총중량 | 60.0 | 53.0 |
| 선수 2인 | 120.0(60 × 2) | 128.0 |
| 전체 중량(배수량) | 180.0 | 181.0 |

* 선체 도장 중량 포함

표 13에서 볼 수 있는 바와 같이 초기 추정중량과 최종 중량은 각각 180kg과 181kg이고 그 차이는 1kg(0.56%) 밖에 안되어

중량 추정과 설계·제작이 상당히 정확한 듯 보이지만 실제로는 결과만 비슷할 뿐 정확한 것이 아니라고 생각한다. 왜냐하면 구성 요소 각각에 있어서는 많은 차이가 나기 때문이다. 결과가 비슷한 것은 우연이다. 그러나 위의 결과로부터 좀 더 시간을 갖고 노력한다면 훨씬 더 경량화 할 가능성이 있다는 것을 알 수 있다. 적어도 20kg 정도는 어렵지 않게 중량 경감을 할 수 있다는 결론이 도출된다.

## 5.3 선형 설계와 선체 제작

추정된 전체 중량, 즉 180kg의 배수량을 가지고 저자가 개발한 최적 특성 선정 프로그램을 사용하여 주요 선형설계 특성을 결정하였으며 표 14에 정리하여 놓았다. 표 14에는 최종 특성들도 정리되어 있으므로 초기 추정값과 제작 후의 최종값을 서로 비교하여 볼 수 있다.

결정된 주요 특성에 따라 저자가 준비하여 놓은 초고속선 선형 설계 프로그램을 사용하여 쌍동선의 선형을 설계하였다. 그림 29는 설계된 쌍동선 중 단동선의 횡단면도를 보여주고 있다.

선체는 FRP로 제작하기로 결정하였다. 먼저 형틀 제작을 위한 코어를 제작하고 그 위에 FRP를 입혀서 형틀을 제작하였다. 이 형틀 내부에 다시 FRP를 입혀서 선체를 제작하였다. 선체 강도는 유지하면서 선체 중량을 줄이기 위해서 선체 바닥은 FRP 2겹을 입혔으며 선체 상부는 1겹으로 처리하였다. 그리고 선체의 강도

**표 14** **주요 선형설계 특성(2003년 2인승)**

| 특 성 | 기호 | 단위 | 특성 값 | |
|---|---|---|---|---|
| | | | 초기 | 최종(제작후) |
| 총 배수량<br>(쌍동선의 배수량) | △ | kg | 180.0 | 181.0 |
| 단동선의 배수량 | ½△ | kg | 90.0 | 90.5 |
| 선체 길이 | L | m | 4.0 | 4.2 |
| 전 폭(쌍동선 선폭) | BR | m | 1.44 | 1.48 |
| 단동선 폭 | B | m | 0.24 | 0.28 |
| 흘수(수심) | T | m | 0.15 | 0.123 |
| 선체 높이 | D | m | 0.24 | 0.22 |
| 단동선간의 거리 | d | m | 1.2 | 1.2 |
| 방형계수 | CB | - | 0.625 | 0.625 |

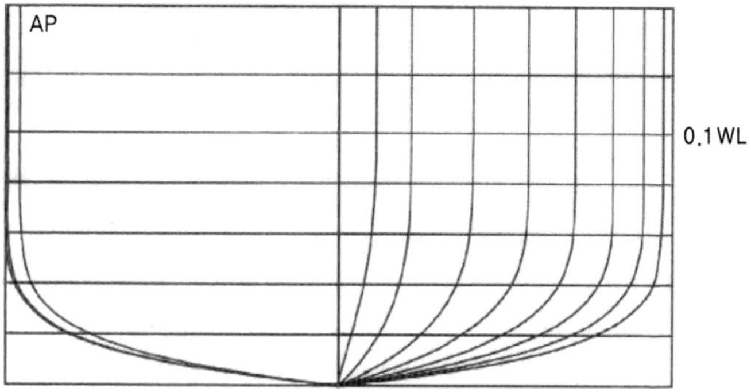


【그림 29】 단동선의 횡단면도(2003년 2인승)

보강을 위하여 선체의 길이 방향으로 4군데에 우레탄 보강제를 삽입하였다. 그림 30은 형틀에서 분리하여 1차 도장이 끝난 2개의 단동선 모습을 보여주고 있다.

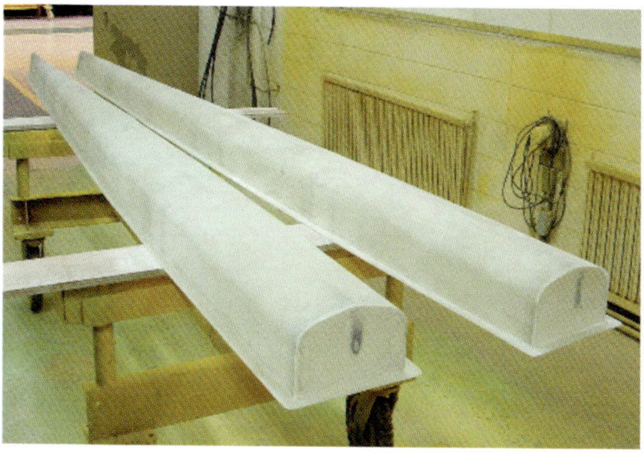

【그림 30】 제작 완료되어 1차 도장이 끝난 2개의 단동선 모습(2003년 2인승)

## 5.4 수중익 시스템 설계와 제작

선박이 설계속도로 운항시 선체는 수중익이 발생하는 양력에 의하여 수면 위로 완전히 부양되고 수중익 시스템과 프로펠러만 물속에 잠겨서 운항하는 것으로 계획하였다.

시스템이 단순하면서도 효율적이 되도록 수중익의 입사각은 고정식으로 하였다. 그리고 선수·선미 수중익의 양력분담은 선형, 탑승 및 선체 고정 구조물과 선수 2명의 배치를 고려하여 결정하였다. 표 15에는 수중익 시스템의 주요 특성이 요약 정리되어 있다.

**표 15** **수중익 시스템의 주요 특성(2003년 2인승)**

| 특 성 | 선수 수중익 | 선미 수중익 |
|---|---|---|
| 설계 양력 (design lift) (kg) | 89.0 | 91.0 |
| 수중익 길이 (span) (m) | 1.2 | 1.2 |
| 단면 길이 (chord) (m) | 0.12 | 0.15 |
| 수심 (foil depth) (chord 길이비) | 1.667 | 1.333 |
| 최대 두께 (max. thickness) (% chord) | 15.0 | 15.0 |
| 받음각 (angle of attack) (degree) | 0.0 | 0.0 |
| 최대 캠버 (max. camber) (% chord) | 3.2 | 3.1 |

수중익 시스템 제작 시에도 중량을 최소화하면서 강도를 유지할 수 있는 제작방법을 채택하였다. 수중익 시스템은 유선형의 기본적 형틀에 FRP를 2겹 입힌 후 표면을 가공하여 제작하였으며 수중익의 폭 방향으로 3군데에 우레탄 보강재를 삽입하여 강도를 유지하도록 하였다. 그림 31은 FRP로 제작한 후, 표면삭성 작업이 완료된 선수와 선미의 수중익을 보여주고 있다.

【그림 31】 제작 완료된 선수·선미 수중익(2003년 2인승)

연결기둥(side strut)은 수중익이 발생하는 양력을 선체로 직접 전달하는 역할을 하므로 특별히 강도 유지에 주의하였다. 이를 위하여 5mm 알루미늄 판을 사용하였으며 특히 수중익과 연결기둥의 연결 부위에는 응력이 집중될 것을 고려하여 30mm 길이의 알루미늄 판을 수중익 형상으로 가공한 후 수중익 내부에 삽입하여 연결이 되도록 함으로써 응력 집중에 의한 강도 보강을 하였다.

## 5.5 프로펠러와 동력 전달장치

프로펠러 구동력과 회전수는 앞서 논의한 바와 동일하게 결정을 하였고 인력선의 최고 속도를 13놋트로 가정한 후 프로펠러를 설계하였다. 선수 2人 기준 프로펠러 설계조건을 표 16에 정리하여 놓았다.

**표 16 프로펠러 설계 조건(2003년 2인승)**

| 구동력(power) | 회전수(RPM) | 최고 선속(VS) | 반류(Wake)* |
|---|---|---|---|
| 1.0마력 | 900 | 13놋트 | 0.0 |

* 균일류(uniform flow)로 가정하였으므로 반류는 없음.

프로펠러 제작이 끝난 후 프로펠러 단독시험을 수행하여 기본적인 성능을 파악하였으며 인력선에 프로펠러를 설치하고 현대중공업 선박해양연구소 심수 예인수조에서 성능 검증을 하였다. 성능 검증 시험시 50m 구간 평균선속이 13놋트 이상으로 계측되어 어느 정도 안심을 하였다. 최종 프로펠러의 특성은 표 17에 정리되어 있다.

**표 17 프로펠러의 주요 특성(2003년 2인승)**

| | |
|---|---|
| 직경(m) | 0.29 |
| 날개 수(개) | 2 |
| 전개 면적비($A_E$/$A_O$) | 0.252 |
| 70% 반경에서의 핏치비$(P/D)_{0.7R}$ | 1.7883 |
| 스큐(skew) (deg.) | 10.0 |

그림 32는 제작 완료된 동력 전달장치와 프로펠러를 보여주고 있다.

【그림 32】 제작 완료된 동력 전달장치와 프로펠러(2003년 2인승)

## 5.6 탑승 구조물

2002년에는 2인용 자전거 차체에서 불필요한 부분을 제거하고 부분적으로 보강하여 탑승 장치로 사용하였다. 그러나 자전거 차체가 철로 만들어져 있어서 불필요한 부분을 제거하더라도 인력선의 탑승 장치로 사용하기에는 너무 무거웠다.

2003년에는 기존 자전거에서 손잡이(handle), 안장, 페달, 주치차(main gear)만 따로 떼어서 사용하고 탑승 구조물은 알루미늄 관으로 자체 제작하기로 하였다. 그림 33은 탑승 장치와 동력 전달 장치 제작을 위하여 기존 2인승 자전거에서 떼어낸 부품들을 보여주고 있다.

【그림 33】 탑승 장치와 동력 전달장치 제작을 위한 부품 (2003년 2인승)

탑승 구조물은 32mm와 20mm 알루미늄 관으로 용접하여 자체 제작하였으며 탑승 구조물에 운전대, 안장, 페달, 주치차 등을 설치하여 탑승 장치를 제작하였다. 그림 34는 제작 완료된 탑승 장치를 보여주고 있다.

【그림 34】 제작 완료된 탑승 장치(2003년 2인승)

탑승 장치는 선수와 선미에서 두 단동선을 쌍동선으로 결합시키는 선체 결합부위에 용접을 하여 고정시켰으며 쌍동선 선체 결합 부재로는 50mm 알루미늄 관을 사용하였다.

선체 결합부용 50mm 알루미늄 관은 수중익 시스템의 연결기둥 상단부와 연결되도록 함으로써 수중익 시스템에서 발생되는 양력이 연결기둥을 통하여 선체와 선수 탑승 구조물에 직접 전달되도록 하였다.

## 5.7 인력선의 완성

지금까지 논의한 과정에 의하여 2002년 인력선 보다 개선된 2003년 2인승 인력 수중익 쌍동선의 제작이 완료되었다. 최종 조립 후의 선체 중량은 표 13에 정리되어 있는 바와 같이 53kg으로 초기에 추정한 60kg보다 적게 제작되었으나 선수 2인의 중량이 계획보다 초과되어 최종 전체 중량, 즉 배수량은 계획보다 1kg이 더 무거운 181kg이 되었다. 그림 35는 제작이 완료된 2003년 2인승 인력 수중익 쌍동선의 모습을 보여주고 있다.

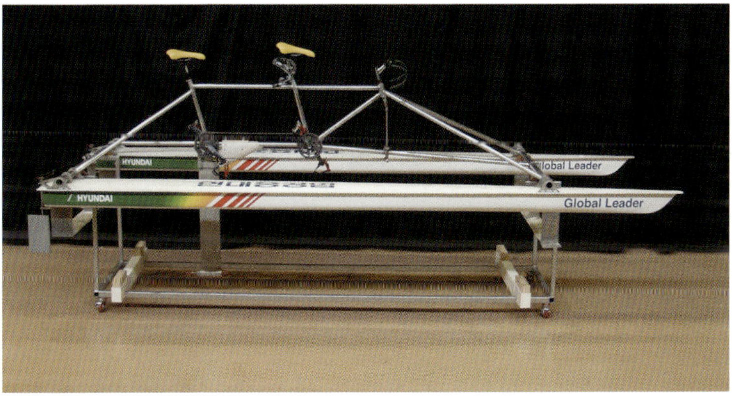


【그림 35】 제작 완료된 인력 수중익 쌍동선(2003년 2인승)

## 5.8 시범 경기

인력 수중익 쌍동선의 제작이 완료된 후 경기 첫날인 2003년 8월 8일 금요일 아침 6시에 참가팀 전원이 인력선을 트럭에 싣고 인력선 축제가 열리는 대전을 향하여 울산을 출발하였다. 참가팀은 2002년 때와 동일하게 구성하였다.

추풍령 휴게소에서 잠시 정차하여 인력선 상태를 점검하던 중 쌍동선 선체가 복어의 배 처럼 심하게 부풀러 올라온 것을 발견하였다. 처음에는 무엇이 잘못되었나 하고 몹시 걱정을 하면서 살펴보니 선체 제작시 물이 들어오지 못하도록 FRP 선체를 완전 밀봉시킨 것이 한 여름의 뜨거운 햇빛에 선체 내부 온도가 급속히 상승하여 공기 팽창에 의한 것임을 알 수 있었다. 긴급히 선수 끝단 갑판에 작은 구멍을 내어 팽창된 공기를 배출시키고 임시로 얇은 비닐 호스로 이 구멍에 연결시켜 공기는 순환이 되고 물은 들어가지 못하도록 조치를 취하였다. 이후 갑천에 도착하여 일본에서 초청된 인력선을 살펴보던 중 공기가 순환되도록 한 장치가 선미부 끝단에 설치된 것을 확인할 수 있었는데 주로 한 여름에 야외에서 인력선을 가동하다 보니 이런 생각하지 못하던 문제가 발생하며 해결하는 방법이 거의 같구나 하는 생각이 들었다.

오후 2시 시범경기가 시작되었다. 2003년 시범경기도 2002년과 마찬가지로 200m 직선 주행경기만 하는 것으로 통보를 받았다. 이번 시범경기에는 일본의 인력선 경주대회에서 10년간 연속 우승을 하여온 "COGITO"라는 인력선이 참가하였다. 2002년의 패배를 설욕하려는 것으로 추측되었다. 2002년 히로시마 대학의 인력선 보다도 더 날렵하고 완벽한 시스템을 갖춘 인력선이었으며 시험 운항의 모습은 충분히 10년간 연속 우승을 할만 하다라는 생각이 들게 하였다. 표 18에는 "COGITO" 인력선과 본 인력선의 중량이 비교되어 있다.

**표 18** "COGITO" 인력선과 본 인력선과의 중량 비교

- 중량의 단위 : kg

| 항 목 | "COGITO" 인력선 | 본 인력선 |
|---|---|---|
| 선체 중량 | 34 | 53 |
| 선수 중량(2人) | 110 | 128 |
| 전체 중량 | 144 | 181 |

표 18에서 알 수 있는 바와 "COGITO" 인력선은 선체 중량이 34kg인데다 직접 인력선을 운항할 선수 2인은 잘 훈련된 직업적인 선수로 각자의 체중은 55kg이라고 하였다. 우리의 경우와 비교해 볼 때 선체 중량이 19kg 가볍고 선수 2인의 체중도 18kg이 가벼워 도합 37kg 이나 가벼웠다.

출발 신호가 울렸다. 출발선을 떠난 인력선 중 매우 경량화가 잘 된 "COGITO" 인력선이 쉽게 부양이 되면서 속도를 내기 시작하였다. "COGITO" 인력선 보다 37kg이나 더 무거운 본 인력선도 출발선으로부터 약 20m 진행 후 부양이 되면서 속도를 내기 시작하였다. 그러나 "COGITO" 인력선을 추월하기에는 역부족이었다. 결국 "COGITO" 호가 먼저 결승선을 통과하였고 본 인력선도 바로 뒤 따라 결승선을 통과하였다.

그림 36은 2003년 인력선 축제 시범경기에서 본 인력선이 주행하는 모습을 보여주고 있다. 그림 36에서 본 인력선이 정속주행시 선체는 완전히 부양되고 수중익 시스템만 물속에 잠겨서 활주하고 있는 모습을 볼 수 있으며 200m 전 구간의 평균

속도 12.2놋트, 150 ~ 200m 구간의 구간속도 13.7놋트를 기록하였다. 그러나 13.7놋트로 주행시 선수 수중익이 수면 위로 떠올랐다가 실속에 의하여 물속으로 다시 들어가는 현상이 반복되어 더 이상 선속을 증가 시킬 수 없었다. 그 이유는 최고 속도 13 놋트를 목표로 설계하였기 때문으로 판단된다.

**【그림 36】** 2003년 인력선 축제 시범경기에서 본 인력선이 주행하는 모습

비록 우승은 못 하였지만 일본의 인력선 경주대회에서 10년간 명성을 날리는 전문적인 경주용 인력선과 거의 대등한 경기 결과를 보여준 데 대해서 참관자들로부터 찬사를 받았다.

시범경기 종료 후 많은 인력선 축제 참가자들이 찾아와 사진을 찍으며 질문을 하였고 앞으로 인력선 축제 참가를 위하여 인력선을 설계, 제작시 지도를 바란다는 요청이 들어왔다. 일본의 참가팀에서도 우리의 인력선을 유심히 관찰하면서 주요 구성 부분, 특히 수중익 시스템, 동력 전달장치, 프로펠러 등에 대한 세부 사진을 찍었으며 설계 내용과 방법 등을 문의하기도 하였다.

2003년에도 철수하기 전에 축제 참가자들에게 우리의 인력선을 시승할 기회를 갖도록 하였다.

P·A·R·T

# 6 2004년 인력선 축제 참가기

## 6.1 개 요

2004년 인력선 축제에는 좀 색다르게 지금까지 한번도 시도해본 적이 없는 4인승 인력 수중익 쌍동선으로 시범경기에 참가하기로 하였다. 물론 2003년 인력선 축제에 참가한 2인승 인력선을 좀 더 개선하여 참가하느냐, 아니면 완전히 새로운 인력선을 설계·제작하여 참가하느냐에 대한 많은 논의가 있었다.

4인승 인력선은 2인승 인력선에 비하여 불리한 점이 여러 가지 있다. 우선 전체 중량에서 선수들의 중량이 차지하는 비율이 2인승 인력선의 경우 70% 정도이나 4인승의 경우 75% 정도로 증가하기 때문에 운영상 불리하다. 또한 더 많은 중량을 지지해야 하므로 선체를 비롯한 구조물의 치수가 증가할 뿐만 아니라 선체와 탑승장치 등의 구조가 더 튼튼해야 하므로 일반적인 관행에 따라 설계를 하면 제작 후 선체 중량이 크게 증가하게 된다. 신중을 기하여 설계·제작하여도 4인승 인력선의 선체 중량은 2인승 인력선의 선체 중량보다 2배 이상 무거울 것으로 추정되었다.

2인승 인력선에서는 1개의 프로펠러로 추진을 하지만 4인승 인력선에서는 선수 2인당 프로펠러 1개씩, 도합 2개의 프로펠러로 추진을 하게 되는데 프로펠러 수가 많을수록 추진 효율이 저하된다. 쌍축 프로펠러(twin-screw propeller) 추진의 경우 단축 프로펠러(single-screw propeller) 추진에 비하여 추진 효율이 약 10% 정도 감소한다는 것이 조선공학의 일반적인 상식이다.

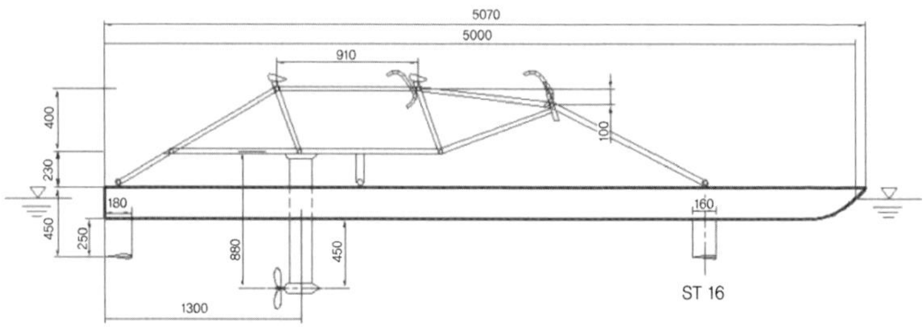


측면도

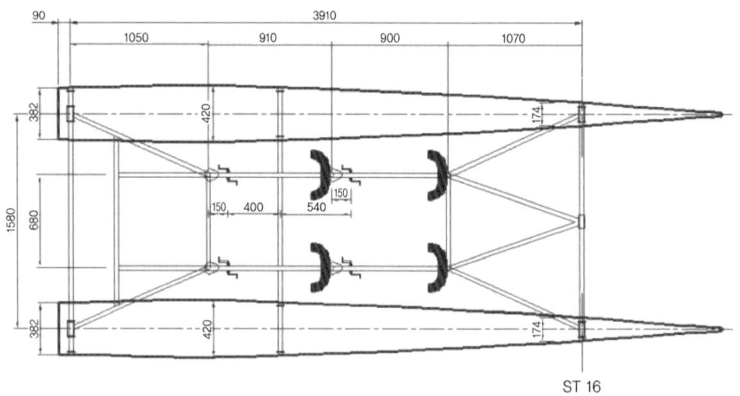


평면도

【그림 37】 4인승 인력 수중익 쌍동선의 초기 개념도

이와 같은 불리한 점으로 인하여 4인승 수중익 쌍동선의 경우 인력에 의한 선체 부양은 어려울 것이라는 비관적인 견해가 주류

를 이루고 있었다.

그러나 2인승 인력선 설계·제작 때의 경험과 결과를 기반으로 분석, 검토하여 본 결과 2인승 인력선 때의 최고 속도에서도 선체 부양이 가능하다는 결론에 도달하였다. 더구나 마력당 중량이 거의 비슷하므로 2인승 인력선 설계 때의 경험을 살려 시스템 전체를 좀 더 최적화 한다면 오히려 더 높은 선속을 달성하게 될지도 모른다는 기대감을 갖게 되었다. 실제 세부 설계에 착수하기 전에 2인승 인력선 설계 때와 마찬가지로 전체적인 구성, 즉 일반배치(General Arrangement)에 대한 구상을 정리하여 보았다. 그림 37은 4인승 인력 수중익 쌍동선의 초기 개념도를 보여주고 있다.

## 6.2 중량 추정

설계의 첫 단계인 중량을 추정하여야 한다. 중량을 추정하기 위해서는 각 중량 구성요소들을 어떤 재질로 어떻게 제작한다는 기본계획이 수립되어야 한다. 따라서 선체와 수중익 시스템은 탄소섬유(carbon fiber)와 FRP의 혼용으로, 탑승 및 동력전달용 구조물은 알루미늄관을 사용하여 제작하는 것으로 하였고 그 외 손잡이, 안장, 페달, 동력전달용 주치차 등은 앞서 언급한 바와 같이 2인승 자전거 부품을 사용하는 것으로 기본 계획을 세웠다.

중량 추정을 위한 기본계획이 준비된 후 2003년에 제작한 2인승 인력선 때의 경험을 활용하고 또한 제작중의 중량 감소를 기대하며 전체 중량이 350kg인 의욕적인 초기목표를 수립하였다. 표 19에는 각 중량 구성 요소별 초기 추정된 목표 중량이 정리되어 있다. 또한 표 19에는 경기에 참가할 당시의 실제 중량도 정리되어 있으므로 초기 추정된 중량과 실제 중량을 서로 비교하여 볼 수 있다.

**표 19** **4인승 인력선의 초기 추정 중량과 제작 후의 중량**

(단위 : kg)

| 항 목 | 초기 추정 | 경기 참가시 |
|---|---|---|
| 선체 | 30.0 | 21.5 |
| 수중익 시스템 | 12.0 | 18.4 |
| 탑승 및 선체 고정 구조물 | 31.5 | 33.0 |
| 동력 전달장치 | 10.0 | 18.4 |
| 타 및 프로펠러 | 1.5 | 1.7 |
| 기타* | 5.0 | 2.0 |
| 선체 총중량 | 90.0 | 95.0 |
| 선수 4인 | 260.0(65 × 4) | 269.5 |
| 전체 배수량 | 350.0 | 364.5 |

* 선체 도장 중량 포함

## 6.3 선형 설계와 선체 제작

추정된 전체 중량, 즉 350kg의 배수량에 대하여 최적 특성 선정 프로그램을 사용하여 선형설계를 위한 주요특성을 결정하였으며 표 20에 정리하여 놓았다. 표 20에는 제작 후의 최종 특성들도 정리되어 있으며 초기 추정값과 제작 후의 최종값을 서로 비교하여 볼 수 있다.

**표 20 주요 선형설계 특성(4인승)**

| 특 성 | 기호 | 단위 | 특성 값 | |
|---|---|---|---|---|
| | | | 초기 추정 | 최종(제작후) |
| 총 배수량 (쌍동선의 배수량) | △ | kg | 350.0 | 364.5 |
| 단동선의 배수량 | ½△ | kg | 175.0 | 182.3 |
| 선체 길이 | L | m | 5.0 | 5.0 |
| 전 폭(쌍동선 선폭) | BR | m | 2.0 | 2.02 |
| 단동선 폭 | B | m | 0.42 | 0.42 |
| 흘수(수심) | T | m | 0.13 | 0.135 |
| 선체 높이 | D | m | 0.2 | 0.18 |
| 단동선간의 거리 | d | m | 1.58 | 1.60 |
| 방형계수 | CB | - | 0.641 | 0.641 |

결정된 주요 치수에 따라 초고속선 선형설계 프로그램을 사용하여 쌍동선의 선형을 설계하였다. 특히 선수들이 승선한 만재상태에서의 초기 정적 트림을 고려하여 선미 쪽으로 배수량이 많이 분포될 수 있도록 선미부 끝단의 폭을 결정하였다. 또한 2003년도 2인승 수중익 쌍동 인력선 보다 건현(freeboard)에 여유를 많이 주도록 하였다. 그림 38은 4인승 쌍동선 중 단동선의 선형을 보여주고 있으며 그림 39는 쌍동선의 횡단면도를 보여주고 있다.

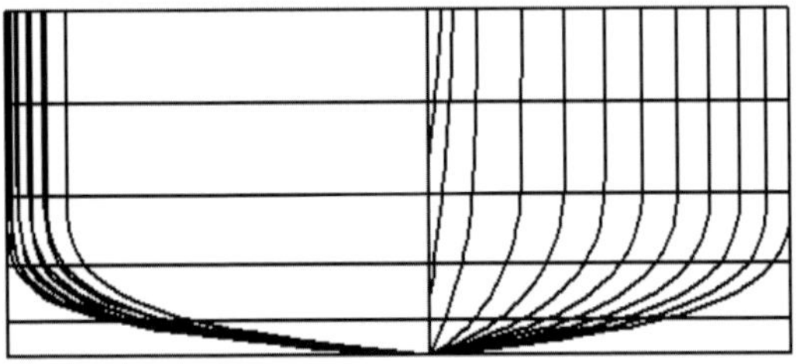

횡단면도

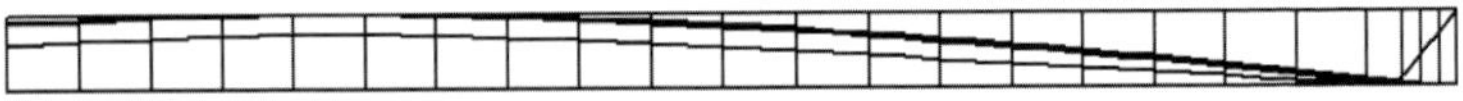

수선면도

【그림 38】 단동선의 선형(4인승)

【그림 39】 쌍동선의 횡단면도(4인승)

2003년 2인승 인력선 제작 때는 선체는 FRP로만 제작하기로 하였으나 4인승 인력선의 경우 중량 경감과 구조 강도를 위하여 선체를 탄소섬유(carbon fiber)와 FRP을 혼용하여 제작하기로 하였다.

먼저 2인승 인력선 때와 동일하게 형틀 제작을 위한 코어를 제작하고 그 위에 FRP를 입혀서 형틀을 제작하였다. 그림 40은 선체 제작을 위하여 준비한 형틀을 보여주고 있다.

【그림 40】 4인승 인력선의 선체 제작을 위한 형틀 제작

이 형틀 내부에 탄소섬유를 2겹 입혀서 선체의 외형을 형성한 후 선체 강도를 높이기 위해서 선체 바닥에는 FRP 1겹을 더 입히고 선체 갑판에는 탄소섬유와 FRP를 각각 1겹씩 더 입혀서 선체를 제작하였다. 그리고 선체의 종강도 보강을 위하여 선체 바닥에 길이 방향으로 우레탄 보강제를 삽입하고 그 위에 FRP

를 덧입혔으며 횡강도 보강을 위하여 길이 방향으로 5군데에 우레탄 보강제를 설치하였다.

그림 41은 형틀에서 빼내어 보강제를 삽입한 후의 선체를 보여주고 있다.

**【그림 41】** 4인승 인력선의 선체

## 6.4 수중익 시스템 설계와 제작

4인승 인력선의 수중익 시스템 설계 시에는 앞·뒤 수중익이 발생하는 양력이 2인승 인력선에 비하여 훨씬 더 무거운 전체 중량을 안전하게 지지할 수 있으면서도 수중익 단면의 과도한 두께를 방지하기 위하여 그림 42에서 볼 수 있는 바와 같이 선수·선미 수중익 모두 선체 중앙에 수중익과 선체를 연결하는 중앙 연결기둥을 설치하기로 하였다.

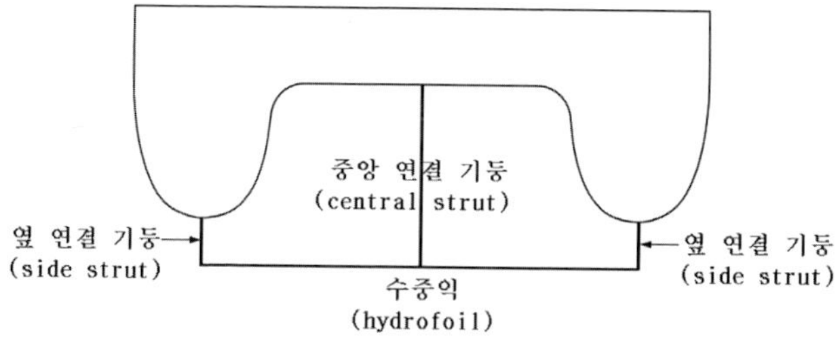


【그림 42】 수중익 시스템 설치안(4인승)

복잡함을 피하고 단순화하기 위하여 수중익의 입사각은 고정식으로 하였다. 선수·선미 수중익의 양력분담은 선형, 탑승 및 선체 고정 구조물과 선수들의 배치를 고려하여 결정하였다. 표 21에는 4인승 인력 수중익 쌍동선의 수중익 시스템의 주요 특성이 요약 정리되어 있다. 그러나 수중익 제작이 끝난 후 최종 점검 때 전체 중량이 약 15kg 정도 증가 한 것을 알았으므로 양력 승가를 위하여 할 수 없이 받음각을 조정하였다.

수중익과 선체를 연결하고 수중익 시스템이 발생하는 양력에 의하여 선체를 부양하는 연결기둥의 높이는 수중익 시스템의 효율적 양력 발생과 선체 완전 부양시 연직 무게 중심의 과도한 상승으로 인한 불안정성이 최소화 되도록 고려하여 결정하였으며 선체의 수면 위로의 최대 부양은 20cm 보다 크지 않도록 하였다.

수중익 시스템 제작 시에도 중량을 최소화하면서 강도를 유지할 수 있는 제작방법을 채택하였다. 즉, 수중익은 유선형의 기본적 형틀에 FRP를 1겹 입힌 후 표면을 가공하였으며 수중익의 폭 방향으로 5군데에 우레탄 보강재를 삽입하여 수중익의 강도를 유지하도록 하였다.

**표 21** 수중익 시스템의 주요 특성(4인승)

| 특 성 | 선수 수중익 | 선미 수중익 |
|---|---|---|
| 설계 양력(design lift) (kg) | 163.0 | 187.0 |
| 수중익 길이(span) (m) | 1.58 | 1.58 |
| 단면 길이(chord) (m) | 0.22 | 0.30 |
| 중앙 기둥(center strut) 유무 | 1 | 0 |
| 수심(foil depth in chord) (chord 길이비) | 1.136 | 0.833 |
| 최대 두께(max. thickness) (% chord) | 15.0 | 15.0 |
| 받음각(angle of attack) (degree) | 0.0(1.0)* | 0.0(0.4)* |
| 최대 캠버(max. camber) (% chord) | 3.6 | 3.7 |

* 중량 증가에 따라 최종적으로 조정된 받음각

2개의 옆 연결기둥과 1개의 중앙 연결기둥은 수중익이 발생하는 양력을 직접 선체로 전달하는 역할을 하므로 충분한 강도를 유지하도록 특별히 주의를 하였다. 이를 위하여 8mm 알루미늄 판을 가공하여 사용하였으며 특히 수중익과 옆 연결기둥의 연결 부위에는 응력이 집중될 것을 고려하여 50mm 길이의 알루미늄 판을 수중익 형상으로 가공한 후 수중익 내부에 삽입하여 연결이 되도록 함으로써 응력 집중에 의한 강도 보강을 하였다.

그림 43은 FRP로 제작한 후 표면 삭성 작업이 완료된 선수와 선미의 수중익 시스템을 보여주고 있으며 그림 44는 선체에 옆 연결기둥(side strut)을 취부한 모습과 선체 뚜껑(갑판)에 중앙 연결기둥 구멍(central strut hole)을 가공한 모습을 보여주고 있다.

【그림 43】 4인승 인력 수중익 쌍동선의 가공 완료된 수중익 시스템

【그림 44】 선체에 옆 연결기둥 취부 및 선체뚜껑(갑판)에 중앙 연결기둥 구멍을 가공한 모습

그림 45는 수중익 시스템의 안정적인 부착을 확인하고자 목재로 만들어 본 동형 모형선(full-size model ship)에 수중익 시스템을 임시로 취부하여 본 모습을 보여주고 있다.

【그림 45】 4인승 인력선 동형 모형선에 임시로 수중익 시스템을 부착한 모습

## 6.5 프로펠러와 동력 전달장치

프로펠러 설계를 위한 구동력은 앞서 논의한 바와 같이 선수 1인당 0.5마력, 도합 2마력으로 결정하였으나 프로펠러 회전수는 약간 수정을 하였다.

2인승 인력선의 경우 상부와 하부 베벨치차의 치차비를 각각 1 : 3으로 하여 전체 치차비는 1 : 9가 되도록 하였고 따라서 프로펠러 회전수는 900RPM으로 하였음을 논의한 바 있다.

그러나 4인승 인력선의 경우 2인승 인력선에 비하여 배수량이 2배 이상 증가하였음을 고려하여 출발 시 선수들의 힘이 과도하게 소비되지 않도록, 즉 출발 시 페달을 좀 너 쉽세 회진시길 수 있도록 상단 베벨 치차비를 1 : 2.65로 수정하고 하단 베벨 치차비는 전과 동일하게 1 : 3으로 유지하여 전체 치차비는 1 : 8이 되도록 하였다. 따라서 수행 시 프로펠러 회진수는 800RPM이 되도록 하였다. 표 22에는 4인승 인력선의 프로펠러 설계 조건과 설계 후의 특성이 정리되어 있다.

2인승 인력선의 경우와 마찬가지로 동력 전달장치는 회전축이 수면 아래로 지나가는 부분에 과도한 저항이 작용하지 않도록 유선형으로 가공하였다. 또한 동력 전달장치의 중량을 줄이기 위하여 2개의 알루미늄 판의 내부는 각각 중공으로 처리하여 결합하였다.

**표 22 프로펠러 설계 조건과 주요 특성(2004년 4인승)**

| | | |
|---|---|---|
| 설계조건 | 프로펠러 수 | 2 |
| | 구동력(마력) | 2.0 |
| | 분당 회전수(RPM) | 800.0 |
| | 설계 속도(kts) | 15.0 |
| 주요특성 | 직경(m) | 0.28 |
| | 날개 수 | 2 |
| | 전개 면적비($A_E/A_O$) | 0.25 |
| | 70% 반경에서의 핏치비$(P/D)_{0.7R}$ | 2.03 |
| | 스큐(skew) (deg.) | 30.0 |

그림 46은 제작된 동력 전달장치와 프로펠러 구동부를 보여주고 있다. 프로펠러에 연결되는 구동부는 필요시 보수의 용이성을 목적으로 따로 가공하여 결합하였다.

【그림 46】 제작 완료된 동력 전달장치(4인승)

## 6.6 탑승 구조물

탑승 구조물은 32mm와 20mm 알루미늄 관으로 용접하여 자체 제작하였으며 쌍동선 선체 결합부는 50mm 알루미늄 관으로 제작하였다. 또한 선체 결합부용 50mm 알루미늄 관을 수중익 시스템의 연결기둥 상단부와 연결되도록 함으로써 수중익 시스템에서 발생되는 양력이 연결기둥을 통하여 선체와 선수 탑승 구조물에 직접 전달되도록 하였다.

4인승 인력선은 2인승 인력선 보다 단동선 간의 간격이 넓고 탑승인원도 4명으로 증가하기 때문에 구조물의 강도에 대하여 좀 더 많은 고려가 필요하였다. 특히 뒤틀림 현상이 발생하지 않도록 트러스(truss) 구조로 설계를 하고 용접 중에 열변형에 의한 뒤틀림 현상을 예방하기 위하여 가용접(tag welding) 및 용접 순서, 용접 속도에 대한 고려를 많이 하였다. 그림 47은 제작 완료된 탑승 장치의 모습을 보여 주고 있다.

【그림 47】 제작 완료된 탑승 장치(4인승)

## 6.7 선회 장치

방향타는 2인승 인력선의 경우 우수한 회전성과 선체가 완전히 부양된 후의 직진성 확보를 목적으로 선미 끝단 날개기둥 뒤에 각각 1개씩 2개를 설치하였으므로 저항이 증가하여 속도 성능을 저하시키는 결과를 가져왔을 것이다. 4인승 인력선의 경우 이러한 결점을 보완하기 위해서 선수 수중익 시스템의 중앙기둥 바로 뒤에 1개의 방향타를 설치하여 선회성능도 향상시켰을 뿐만 아니라 조향장치 구조도 단순화 하였다. 그림 48은 4인승 인력선의 제작 완료된 방향타와 조향장치를 보여주고 있다.

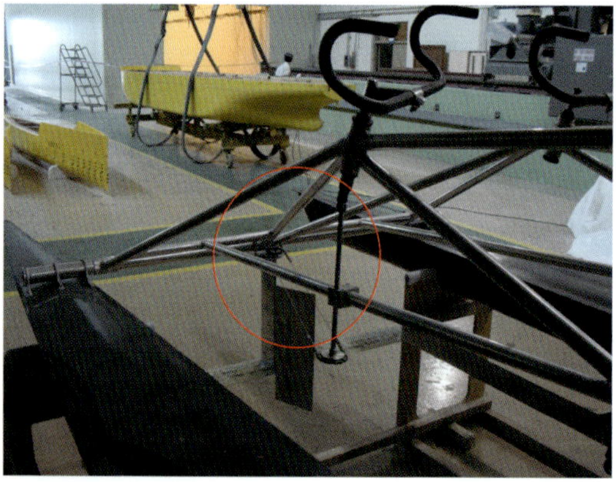

【그림 48】 제작 완료된 방향타와 조향장치(4인승)

## 6.8 4인승 인력선의 완성

지금까지 논의한 과정에 의하여 4인승 인력 수중익 쌍동선의 설계와 제작이 완료되었다.

2003년 2인승 인력선의 경우 초기에 추정한 중량이 180kg인데 비하여 경기 참가시의 중량은 181kg으로 그 차이가 1kg(0.56%)에 지나지 않았고 초기의 목표를 거의 달성하였다고 할 수 있다.

그러나 4인승 인력선의 경우 시간적 여유를 갖고 중량 경감에 훨씬 더 주의를 기울였음에도 불구하고 최종 중량, 즉 경기 참가시의 중량이 365.5kg이 되어 초기에 추정한 중량인 350kg을 14.5kg(4.14%)나 초과하였다. 이러한 결과는 4인승 인력선의 설계와 제작이 2인승 인력선의 경우에 비하여 한차원 더 어렵다는 사실을 보여주는 셈이다.

그림 49는 선체 도장을 위하여 거치대에 거치되어 있는 4인승 인력 수중익 쌍동선의 모습을 보여주고 있으며 그림 50은 제작 완료된 모습을 보여주고 있다.

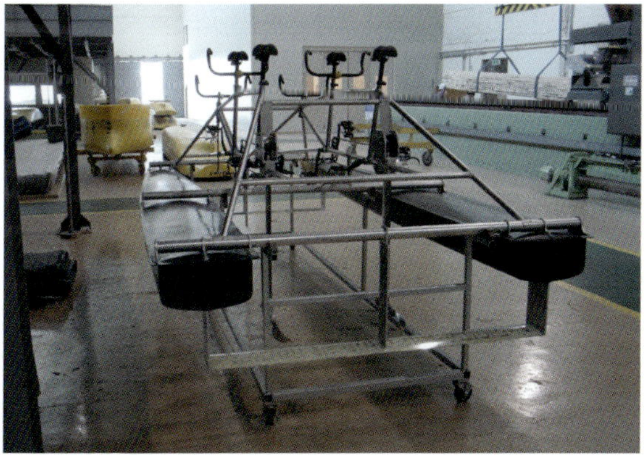

**【그림 49】** 선체도장을 위하여 거치대에 거치되어 있는 4인승 인력 수중익 쌍동선의 모습

【그림 50】 제작 완료된 4인승 인력 수중익 쌍동선

## 6.9 시범 경기

앞에서 언급한 바와 같이 2004년 인력선 축제에는 지금까지 한 번도 시도해 본 적이 없는 4인승 인력 수중익 쌍동선으로 시범경기에 참가하기로 하였다. 4인승 인력선은 2인승 인력선에 비하여 설계와 제작은 물론 경기 운영상 불리한 점이 많이 있지만 새롭기도 하고 또한 좀 더 많은 사람이 경기에 참여할 수 있어서 더 큰 흥미를 유발할 수도 있을 것이다.

2004년 인력선 축제는 8월 13일과 14일 양일간 역시 대전광역시 갑천 조정경기장에서 개최되었다.

경기 첫날인 8월 13일 아침 6시 참가팀 전원이 인력선을 트럭에 싣고 인력선 축제가 열리는 대전을 향하여 울산을 출발하였다. 오전 11시경 축제 장소인 대전광역시 갑천 조정경기장에 도착하여 인력선을 진수 시키고 작동상태를 점검하기 위하여 저속 운항시험을 하였다. 이때 많은 축제 참가자들이 몰려와서 신기한 듯 구경을 하면서 대부분의 참관자들은 본 인력선이 뜨지 않을 것이라는 회의적인 평을 하였다.

2004년 인력선 축제에서는 본 인력선 혼자서 시범경기를 하게 되었다. 왜냐하면 4인승 인력선은 처음인데다 시범경기에 참여한 기관이 없었기 때문이다. 신호와 함께 인력선이 출발하였다. 본 4인승 인력선은 무겁게 출발하였으나 2003년 2인승 인력선 때와 마찬가지로 출발선으로부터 20m 진행 후 부양되기 시작하였다. 2003년 2인승 인력선 때는 부양이 빠르게 일어났으나 4인승 인력선의 경우 서서히 부양되었으며 부양되는 모습은 마치 한 마리 백조가 서서히 날아오르듯 참으로 우아하였다.

그림 51은 4인승 인력 수중익 쌍동선이 정속 수행하는 모습을 보여주고 있다. 그림 51로부터 정속 주행시 선체는 완전히 부양되고 수중익 시스템만 물속에 잠겨서 안정적으로 활주하고 있음을 알 수 있으며 200m 전 구간의 평균 속도는 13.9놋트 이었으나 150~200m 구간에서는 16.4놋트라는 경이적인 속도를 기록하였다.

경기가 끝난 후 인력선 축제 참가자들에게 시승할 기회를 주었다.

【그림 51】 4인승 인력 수중익 쌍동선이 150m 지점을 통과할 때의 주행 모습

P·A·R·T

# 7 후기(Epilogue)

현대중공업 선박해양연구소에서 저자들이 주축이 되어 2002년과 2003년 2인승 인력선을, 그리고 2004년 4인승 인력선을 설계·제작하여 인력선 축제 시범경기에 참가한지 벌써 10년 가까운 세월이 흘렀다.

그동안 국내외 관련 인사들로부터 가끔 기록을 잘 정리하여 발표하라는 권유를 받은 적은 있으나 인력선 축제에 참가하였었다는 사실조차도 잊어버리고 있었으므로 책으로 출간할 생각은 전연 없었다. 다만 가끔 현대중공업 선박해양연구소 연구실과 전시실에 걸려있는 2인승과 4인승 인력선의 주행 사진을 볼 때에 저런 일이 있었구나 하는 생각이 들 정도였다.

그런데 최근 들어, 특히 외국의 학자들로부터 여러 차례 진심어린 권유를 받으며 생각이 바뀌기 시작하였다. 시간의 흐름과 함께 관심도, 문서상의 기록도, 머릿속의 기억도 많이 사라졌으나 남아있는 설계자료(design data)와 옛 기억을 더듬으며 조금씩 정리를 하여 나갔다.

돌이켜보면 2002년과 2003년의 2인승 인력선의 경우에나 2004년 4인승 인력선의 경우에나 시간, 경비, 노력에 비하여 모두

대 성공을 거둔 셈이다. 2003년 2인승 인력 수중익 쌍동선의 경우 최고 속도 13놋트를 목표로 설계를 하였으나 200m 직선 속도 시범경기에서 구간 최고 속도 13.7놋트를 달성하였다.

4인승 인력 수중익 쌍동선의 경우 세계 최초의 설계 및 제작이며 중량이 너무 무거워 사람에 의한 추진력으로는 선체 부양 및 활주에 비관적이라는 통념을 깨고 우아하게 부양하여 안정적인 고속 활주를 하는 모습을 보고 인력선 축제 참관자들은 극찬을 아끼지 않았다. 특히 150~200m 구간에서는 16.4놋트라는 경이적인 속도를 달성하였다.

2002년에는 불과 한달 반 만에 2인승 인력 수중익 쌍동선의 설계와 제작을 완료하였고 2003년의 2인승과 2004년 4인승 인력 수중익 쌍동선의 경우 6개월 남짓 기간에 설계와 제작을 완료할 수 있었던 것은 1990년 초부터 초고속 수중익 쌍동선 설계에 필요한 핵심 기술, 즉 초고속선 선형 설계기술, 자유수면 근처에서 작동하는 수중익 설계기술 등에 대하여 철저한 이론적, 시험적 연구를 수행해 왔고 실제로 여러척의 초고속선을 설계 및 건조한 경험이 있기 때문에 가능한 일이었다고 생각한다. 저자가 개발한 초고속선에 대한 개념 및 설계 기술은 초고속 속도 영역에서 운항하는 모든 선박에 적용 할 수 있으며 성능면에서도 매우 우수함을 입증하고 있다.

실 예로 저자는 1993년 300인승 35놋트급 장거리 고속 수중익 쌍동 여객선("한마음 1호")을 설계·건조한 경험이 있고 1995년 300인승 55놋트급 초고속 수중익 쌍동 여객선("한마음 2호")을 설계·건조하여 국내 노선에 취항시킨 바 있으며 그 후에도 승객 1,000명과 승용차 100대를 적재하고 60놋트로 운항할 수 있는 초고속 수중익 쌍동 훼리 등 대형 초고속선의 설계를 완료한 바 있다. "한마음 2호"는 고속 및 초고속선에 대하여 세계적으로 가장 권위있는 정기간행물인 "Jane's Fast Ship" 紙로부터 세계에서 가장 우수한 초고속선이라는 평을 받은 바 있다. 그림 52와 53은 각각 "한마음 1호"의 시운전 광경과 "한마음 2호"의 운항 중인 모습을 보여주고 있다.

**【그림 52】** 장거리 고속 수중익 쌍동 여객선 (한마음 1호)의 시운전 광경

【그림 53】 300인승 55놋트급 초고속 수중익 쌍동 여객선 (한마음 2호)의 운항중인 모습

그동안 잊고 있었지만 지금 생각해 보면 아쉬운 점이 없는 것은 아니다. 저자는 2002년과 2003년, 그리고 2004년 2가지 형태의 인력선을 가지고 한 번씩 시범경기에 참가하고 말았지만 2～3년의 시간을 가지고 성능개선 작업을 수행하였다면 세계의 어떠한 인력선 보다도 우수한 성능의 인력선으로 발전시켰을 것이다. 구체적으로 언급하면 설계를 다듬고 중량 경감을 하고 체중 60kg 이하의 선수를 선발하여 훈련을 시킨다면 20놋트 전후의 최고 속도를 달성할 수 있었을 것이다.

우리나라 국민은 자기 비하가 심하고 외국의 것은 무조건 우리 것보다 낫다고 생각하는 습성이 있다. 저자들이 인력선 축제 시범경기에 참가하기 전에는 국내의 젊은 조선공학도들이 구미와 일본의 인력선을 모방하느라고 정신이 없었다. 그러나 저자가 극히 짧은 시간 내에 설계·제작한 인력선이 경량화나 선수 기량면에서 불리함에도 불구하고 외국에서 상업적으로 개최되는 인력선 경주대회를 위하여 오랜 기간에 걸쳐 개선에 개선을 거듭해 온 인력선보다 못하지 않음을 눈으로 확인하고, 시승으로 직접 체험해 보고서는 생각들이 많이 달라졌다. 젊은 조선공학도들, 특히 앞으로 우리나라 발전의 주역이 될 대학생들의 사고방식을 긍정적, 적극적으로 바꾸어 놓았다는 것이 저자들이 인력선 축제 시범경기에 참가한 가장 두드러진 효과라고 할 수 있다.

저자가 이 졸저를 쓰고 있는 이 시점에서 우리나라의 조선기술은 세계 최고 수준이다. 설계기술, 생산기술, 관리기술 모두 세계 최정상이다. 우리나라의 모든 산업 중에서 압도적으로 세계 1위를 유지하고 있는 산업은 조선해양산업이 유일하다

저자들이 4인승 인력선으로 인력선 축제 시범경기에 참가하고 난 약 6년 후 부산대학교 조선해양공학부에서 설계·제작한 인력선이 일본의 인력선 축제에 참가하여 우승하였다는 소식을 들었다. 참으로 기쁘고 장하고 축하해 마지않을 일이다.

기술은 문화의 한 부분이다. 문화 수준은 어떤 사건이나 계기에 의하여 크게 향상되곤 한다. 자신감을 갖고 끊임없이 노력하자. 기술을 비롯한 우리나라의 문화 수준이 세계 어느 나라에도 못지않게 발전하기를 바라면서 옛날 이야기를 마친다.

## 감사의 말씀

3년간 인력선 제작을 위하여 수고해 주신 현대중공업 선박해양연구소 제작계측실의 이규찬 실장과 연구원 여러분들께 깊은 감사를 드립니다.

## 비 고

1998년 듀퐁(DuPont)사에서 상금을 걸었던 20놋트의 벽은 아직도 깨지 못하고 있는 실정이다. 참고로 1인승 인력선은 1991년 10월에 공기 프로펠러로 추진하는 수중익 쌍동선 선체를 갖는 미국 MIT의 'Decavitator'가 100m 속력시험에서 공식기록 18.5 놋트를 기록한 것이 최고의 기록이다. 다인승으로는 2000년 8월 27일 일본의 'Super Phoenix'가 달성한 18.67놋트가 최고 기록이다. 이러한 사실을 2010년에 알게 되었다.

## 참고문헌

1. 민계식, 강선형, "배수량형 초고속선의 최적치수 선정 및 저항 특성 추정을 위한 제 2차 체계적 연구 - HMRI 신 초고속선 Series(The 2nd Stage Systematic Study on the Optimum Dimension Selection and the Resistance Prediction of the Displacement Type Super High-Speed Ships - HMRI New Super High-Speed Ship Series)", 현대중공업 기술개발본부 선박해양연구소 연구 보고서 번호 HMRI 96-09-S166, 1996년 9월.
2. 민계식, 강선형, "배수량형 초고속선의 선형설계 및 저항특성 추정을 위한 체계적 연구", 대한조선학회 논문집, 제33권 제4호, 1996년 11월
3. Min, K. S. and Kang, S.-H., "Systematic study on the hull form design and resistance prediction of displacement-type super-high -speed ships", Journal of marine science and technology, Vol. 3, No. 2, The society of naval architects of Japan, Nov., 1998
4. 민계식, 이홍기, "자유수면하 작동하는 HMRI NP-series 2차원 수중익의 유체역학적 특성 추정에 대한 체계적 연구", 현대중공업 기술개발본부 선박해양연구소 연구보고서 번호 HMRI-96-04-S068, 1996
5. Min, K.-S., Kang, S.-H. and Streckwall, H., "Numerical and experimental studies for the prediction of hydrodynamic characteristics of two-dimensional hydrofoils operating under the free

surface", The proceedings of the 22nd symposium on naval hydrodynamics, Washington, D. C., U. S. A., Aug. 9~14, 1998

6. 민계식, 강선형, "수면하 작동하는 HMRI 표준 2차원 수중익의 유체 역학적 특성에 대한 제 3단계 연구(The 3rd Stage Study on the Hydrodynamic Characteristics of HMRI Standard 2-Dimensional Hydrofoil Moving under the Free-Surface)", 현대중공업 기술개발 본부 선박해양연구소 연구보고서 번호 HMRI-05-AA-148, 2005년 6월.
7. Coates, J. F., Research and engineering aspects of reconstructing the ancient Greek trireime warship, SNAME Trans., Vol. 98, 1990, pp. 239-262.
8. Min, K.-S., "Propeller blade section design by conformal transformation method", The proceedings of the international workshop on the propulsor technology, Taejon, Korea, March 27~28, 1991

## 그림 목록

## 표 목록

## 저자 소개

**민 계 식**
1942년생
MIT 공학박사
현대중공업 前 대표이사 회장(CEO/CTO)
제 1회 한국 공학상(1995년)
한국 경영 대상(2005년)
대한민국 최고 과학기술인상(2008년) 등 수상

**강 선 형**
1955년생
공학박사(울산대)
현대중공업 선박연구소
관심분야 : 저항/추진, 고속선

**이 강 복**
1946년생
공학석사(한국해양대)
현대중공업 前 선박해양연구소 부소장
前 산업기술 연구소장
제 30회 과학의 날 대통령표창 수상(1997년)

**인력 수중익 쌍동선**

| | |
|---|---|
| 인 쇄 | 2012년 8월 6일 |
| 발 행 | 2012년 8월 10일 |
| 발행인 | 김흥중 |
| 발행처 | 한림원 출판사 |
| 주 소 | 서울시 중구 퇴계로 51길 20 넥서스타워 12층 |
| 전 화 | 02-2273-4201 / 팩 스 02-2273-4240 |
| 이메일 | hanrim@hanrimwon.com |
| 홈페이지 | http://www.hanrimwon.co.kr |

ISBN • 978-89-93512-35-9 정가 7,000원